VON ABRAHAM
BIS ZARATHUSTRA

Myrtle Langley

VON ABRAHAM
BIS ZARATHUSTRA

Kleiner Führer durch die
Weltreligionen

R. BROCKHAUS VERLAG WUPPERTAL UND ZÜRICH

Die Originalausgabe erschien unter dem Titel
WORLD RELIGIONS – A LION MANUAL
bei Lion Publishing plc, Oxford, England

© 1981/1993 by Lion Publishing plc

Deutsch von Dr. Klaus Fiedler
Fachliche Beratung: Prof. Dr. Niels-Peter Moritzen

Fotonachweis
Fritz Fankhauser S. 16–17; Hutchison S. 27, 40, 52, 53, 59, 71, 74, 84, 88, 92; Christina Dodwell S. 12; Michael Macintyre S. 18, 44 (unten), 45; Christine Pemberton S. 23, 50, 62; Jeremy A. Homer S. 29; Alex Stuart S. 30–31; Lucie Moton S. 32; R.Jan Lloyd S. 34, 88–89; Trevor Page S. 31, 61; Sarah Errington S. 41 (unten); S. Burman S. 47; John Hatt S. 49; Peter Stiles S. 76; Lion Publishing S. 64, 83; David Alexander S. 67, 73; Topham S. 15, 20–21, 24, 38–39, 41 (oben), 44 (oben), 80–81, 87, 93; Associated Press S. 54, 91; C. Osborne S. 57; ZEFA S. 69

Textnachweis
S. 42 aus: Lao Tse, Tao-Te-King, Übersetzung von Hans J. Knospe
© 1985 by Diogenes Verlag AG, Zürich

S. 65, 66 aus: Die Bibel in der Revidierten Übersetzung Martin Luthers
© Deutsche Bibelgesellschaft, Stuttgart 1984

S. 85 aus: Monika Thiel-Horstmann, Leben aus der Wahrheit. Texte aus der heiligen Schrift der Sikhs, Benziger Verlag, Zürich 1988, S. 47

S. 86 aus: Der Koran © Philipp Reclam Verlag jun., Stuttgart 1960

Umschlagfotos
Raga – ZEFA, Düsseldorf und Lion Publishing, England

© der deutschen Ausgabe 1981/1995
R. Brockhaus Verlag Wuppertal und Zürich
Satz: Breklumer Druckerei Manfred Siegel KG
Druck: in Malaysien
ISBN 3-417-24655-5

INHALT

DIE WELT DER RELIGIONEN

Dies ist eine kurze illustrierte Einführung in die großen Religionen der Welt. Ich habe versucht, das Wesentliche dieses weiten und vielschichtigen Themas so interessant, einfach und knapp wie möglich darzustellen.

Für die Leser, die wissen wollen, was Religion ist und wie ich an das Thema herangehe, habe ich die Einführung S. 7–11 geschrieben. Wen diese theoretische Grundlegung nicht interessiert, der kann diese Seiten überschlagen oder später lesen. Wer wissen möchte, was ich selbst glaube, sei auf das Nachwort S. 94–95 verwiesen. Ich bekenne mich freimütig zu Jesus Christus, den ich persönlich als einzigartig und unvergleichlich erlebt habe.

Das ändert jedoch nichts an meiner Hochachtung vor dem, was die Gründer und Anhänger der großen Religionen bewegt. Ich habe mich bemüht, jede Religion fair und positiv darzustellen. Jede soll für sich selbst sprechen, und ich will weder werten noch vergleichen.

Myrtle S. Langley

RELIGION — WAS IST DAS?

Es gibt keine völlig zufriedenstellende Definition des Begriffes Religion. Das lateinische Wort *religio* bedeutete Verehrung der Götter oder auch Aberglaube. Aber Religion umfaßt mehr. Man sollte beim Studium einer Religion verschiedene Schichten beachten, darunter ihre Lehre und Praxis und ihre Wirkungen auf den einzelnen und die Gesellschaft.

Welche der mindestens sechs Dimensionen einer Religion wir für besonders wichtig halten, hängt davon ab, ob wir Religion als Lehrgebäude oder als Sammlung von Verhaltensregeln verstehen. Wir im Westen betonen gewöhnlich die Lehre, ohne jedoch zu übersehen, daß zum Glauben auch die Praxis gehört.

Religion — was will sie?

»Religion« ist eine Antwort von Menschen auf ihre Situation. In Auseinandersetzung mit den Problemen des Lebens in dieser Welt entwickeln wir ein Verständnis des Universums und unserer Existenz, das dem Leben Bedeutung und Ziel gibt.

Ost und West

Dieses Buch will nicht die Religionen vergleichen. Aber auf einen Unterschied soll doch hingewiesen werden. Die Weltreligionen lassen sich in zwei große Gruppen einteilen: die »prophetischen« Religionen des Westens und die »mystischen« Religionen des Ostens.

Die westlichen Religionen

Semitischer Abkunft.

Judentum, Christentum, Islam und ihre Verzweigungen.

Prophetisch. Betonen die Offenbarung Gottes an den Menschen von außerhalb des menschlichen Geistes.

»Weltbejahend«. Gehen davon aus, daß die materielle Welt im Grunde gut ist. Sie suchen Erlösung oder Erneuerung dieser sündigen Welt.

Die östlichen Religionen

Hinduismus, Buddhismus und ihre Verzweigungen.

Mystisch. Betonen, daß der Mensch aus seinem Geist heraus Gott finden muß.

»Weltverneinend«. Die Wirklichkeit ist im Grunde geistig. Suche nach Erlösung der Seele aus dem endlosen Rad der Wiedergeburten, an das sie in dieser Welt gebunden ist.

Sechs Dimensionen

Religion kann in mindestens sechs Dimensionen dargestellt werden:

Lehre: Glaubenssystem, das eine vollständige Erklärung der Wirklichkeit bietet.

Mythos: Geschichten über Gott und die Götter; Schöpfung und Erlösung; Ereignisse von historischer Bedeutung (Mythos ist nicht Erfindung!).

Ethik: Wertvorstellungen und Verhaltensnormen.

Ritus: Gottesdienste, Feste, Übergangsriten, Initiationen und Speise- und Kleidungsvorschriften.

Erfahrung: Die Erfahrung des Heiligen und der Transzendenz. Das Erlebnis der Zugehörigkeit zu etwas Größerem als dem eigenen Selbst.

Institution: Organisation, die geschaffen wurde, um eine Religion zu praktizieren.

Für andere dagegen ist Religion des Menschen bestes Argument für die Existenz Gottes, vergleichbar mit Augustins »Ruhelosigkeit des Herzens«, die nur von Gott gestillt werden kann.

Für manche ist Religion »wahr«, weil sie nützlich ist. Emile Durkheim, der Vater der modernen Soziologie, war der Meinung, daß die Religion in der Gesellschaft eine wichtige Rolle spiele. Andere halten Religion für eine Flucht aus der Wirklichkeit. Für Freud war Religion eine Illusion, für Marx ein »Seufzer der Bedrängten«.

8

Religion ist . . .

Religion ist
»die Flucht des Alleins zu dem Alleinigen«.
Plotin (205—270 n.Chr.)

Religion ist
»das, was der Mensch mit seiner Einsamkeit macht«.
A.N. Whitehead (1861—1947)

»Die Menschen schaffen die Götter nach ihrem eigenen Bild.«
Xenophanes (565—470 v.Chr.)

»Eine Religion ist so wahr wie die andere.«
Robert Burton (1577—1640)

»Ohne das Pathos eines Absoluten kann der Mensch nicht existieren.«
Karl Jaspers (1883—1969)

»Du hast uns zu dir hin geschaffen, und ruhelos ist unser Herz, bis es Ruhe findet
in dir.«
Augustin von Hippo (354—430)

»Wenn ein Misanthrop beschlossen hätte, das Menschengeschlecht unglücklich zu
machen, was hätte er Besseres erfinden können als den Glauben an ein unverständ-
liches Wesen, über das die Menschen sich nie haben einigen können und dem sie
mehr Bedeutung zugemessen haben als ihrem eigenen Leben?«
Denis Diderot (1713—1784)

»Der Ursprung, ja das eigentliche Wesen der Religion ist der Wunsch. Hätte der
Mensch keine Wünsche, so hätte er keine Religion.«
Ludwig Feuerbach (1804—1872)

»Die Religion ist der Seufzer der bedrängten Kreatur, das Gemüt einer herzlosen
Welt, wie sie der Geist geistloser Zustände ist. Sie ist das Opium des Volkes.«
Karl Marx (1818—1883)

»Religion wäre demnach die universale Zwangsneurose der Menschheit, der Zwangsneurose von Kindern vergleichbar.«
Sigmund Freud (1856—1939)

Religion hat »ihre eigenen Wurzeln in den verborgenen Tiefen des Geistes selbst«.
Rudolf Otto (1869—1937)

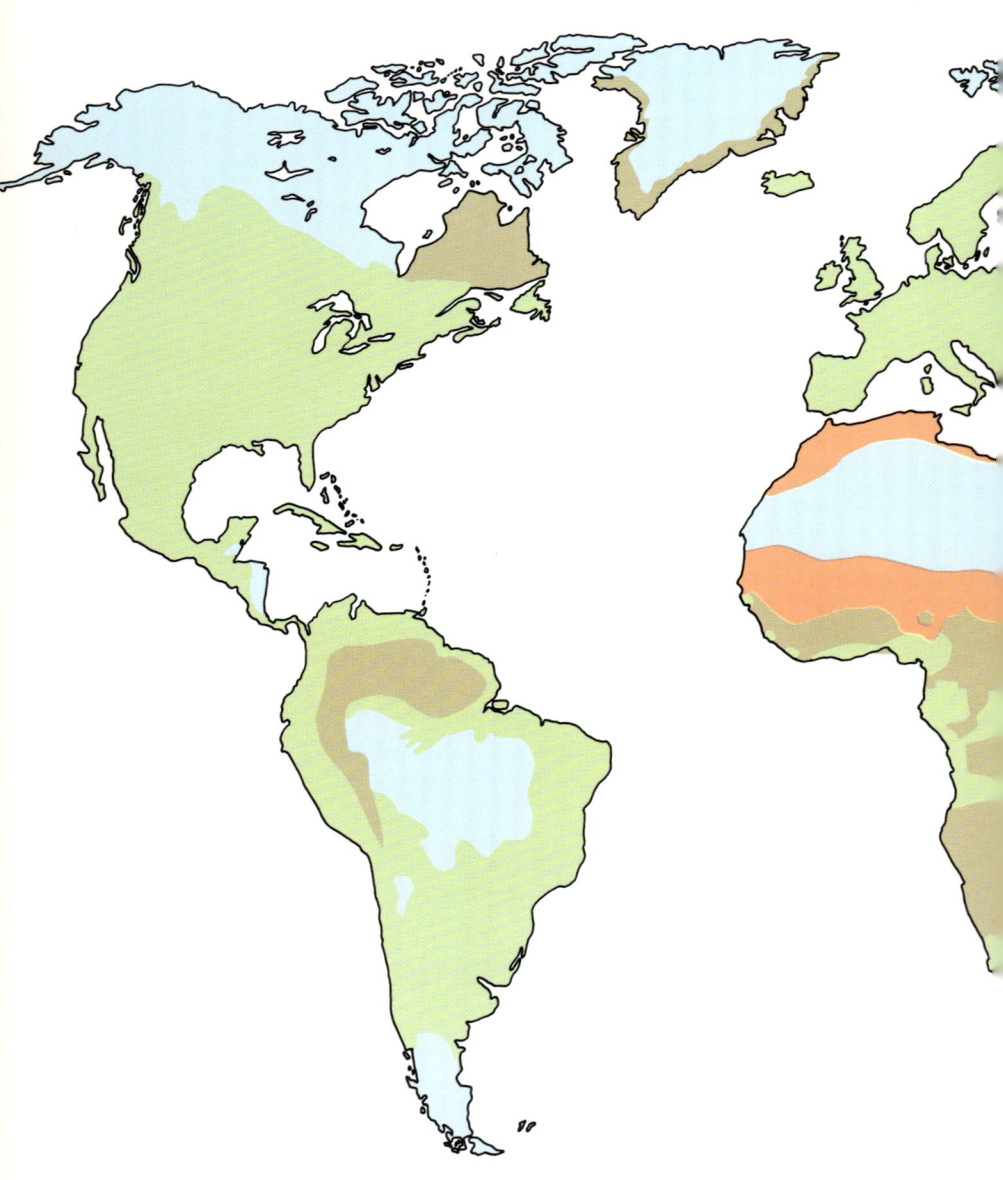

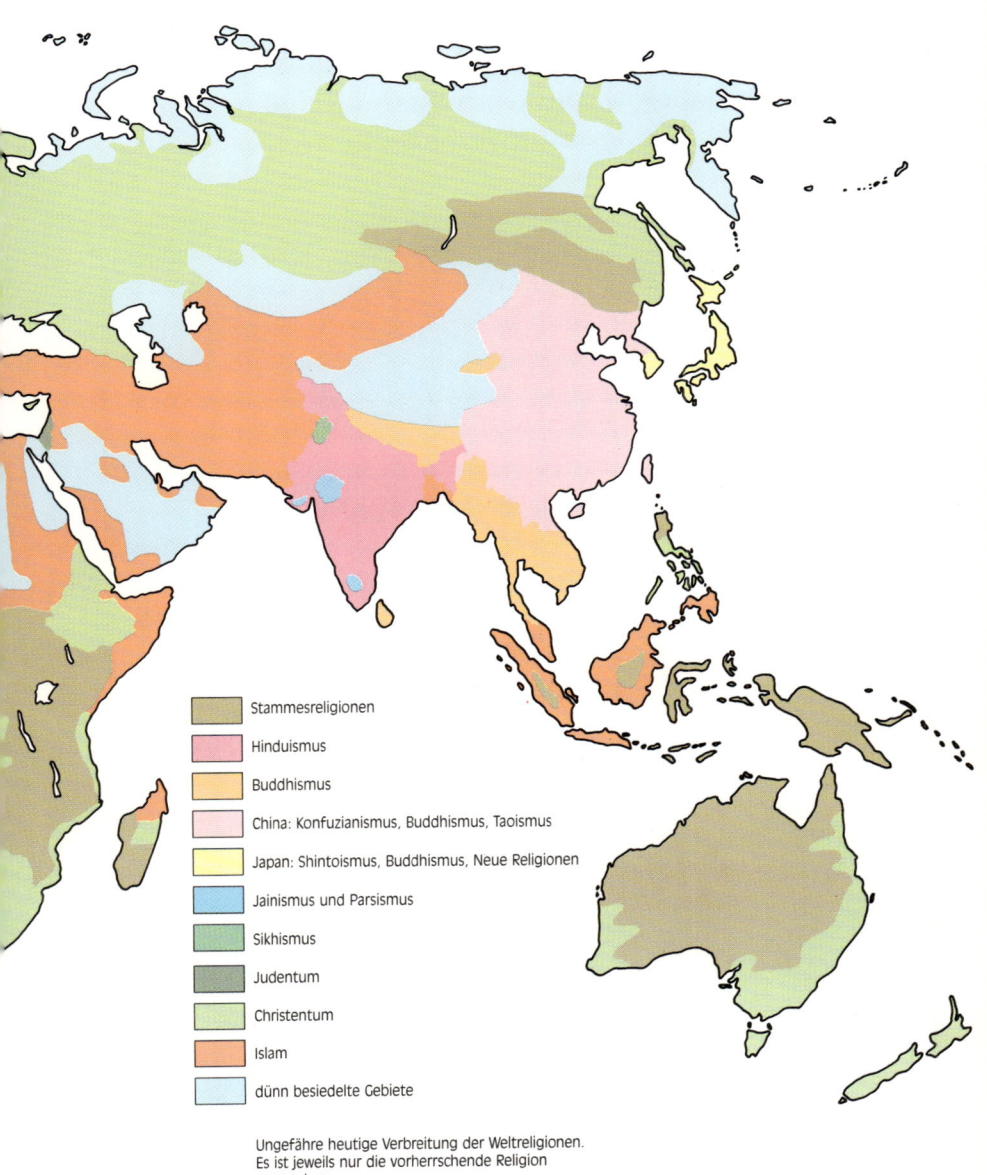

![Stammesreligionen]	Stammesreligionen
![Hinduismus]	Hinduismus
![Buddhismus]	Buddhismus
![China]	China: Konfuzianismus, Buddhismus, Taoismus
![Japan]	Japan: Shintoismus, Buddhismus, Neue Religionen
![Jainismus]	Jainismus und Parsismus
![Sikhismus]	Sikhismus
![Judentum]	Judentum
![Christentum]	Christentum
![Islam]	Islam
![dünn]	dünn besiedelte Gebiete

Ungefähre heutige Verbreitung der Weltreligionen.
Es ist jeweils nur die vorherrschende Religion
angegeben.

1

STAMMESRELIGIONEN

Für die Menschen in Stammesgesellschaften
gibt es keine Kluft zwischen der Religion und
dem übrigen Leben.

In den Stammesreligionen der chinesischen
Berggebiete spielt die Ahnenverehrung, wie sie
hier zu sehen ist, eine große Rolle.

Für 250 Millionen Menschen in Afrika, Lateinamerika und Ozeanien, die noch weitgehend in ihrer traditionellen Kultur leben, sind Religion und Kultur fast deckungsgleich. Ein afrikanischer Arzt formuliert es so: Das ganze Leben ist religiös.

Religion ist definiert worden als der einzigartige Versuch jeder Gesellschaft, den Sinn ihrer Existenz auszudrücken. Die Umwelt erscheint dem Menschen häufig feindlich. Wirbelstürme, Unwetter, Vulkanausbrüche, Kriege, Hunger, Krankheit und Unterdrückung stören das Gleichmaß des Lebens. Die Religion bietet einen Verständnisrahmen, mit dessen Hilfe die Menschen ihre Umwelt begreifen und ihren Erfahrungen einen Sinn geben können.

Die Stammesreligionen haben als Religionen vorliterarischer Gesellschaften keine heiligen Schriften. Die Glaubensinhalte werden mündlich von einer Generation an die andere weitergegeben. Viele traditionelle Gesellschaften haben sich jahrhundertelang dem Vordringen der Weltreligionen Hinduismus, Buddhismus, Christentum und Islam widersetzt. Andere Gesellschaften haben oberflächlich eine der Weltreligionen angenommen, aber auf einer tieferen Ebene folgen sie doch den Wegen ihrer Väter. Beispiele sind das Christentum in Mexiko, der Hinduismus auf Bali, der Islam in Malaysia, die afro-lateinamerikanischen Trance-Kulte, einige der unabhängigen Kirchen Afrikas und der Cargo-Kult in Melanesien.

Riten

Für die Afrikaner und viele andere, die in Stammesgesellschaften leben, ist der Lebensweg durch eine Reihe von Riten gegliedert. Jede Stufe des Lebens, jede »Lebenskrise«, hat ihren Ritus: Geburt, Pubertät, Heirat, Tod. Nöte und Unglücke haben ebenfalls ihre Riten. Fast an jedem Abend hört man irgendwo den rhythmischen Klang der Trommeln, das Singen und Tanzen, das irgendeinen Ritus begleitet.

Initiation

Für Kiplagat, einen jungen Nandi in Westkenia, ist die Beschneidung das wichtigste Ereignis seines Lebens. Auf dem Höhepunkt eines langen Ritus beendet der Schnitt eines scharfen Messers die Kindheit, und Kiplagat ist ein Mann. Dieser Beschneidungsritus stammt noch aus der Zeit, in der die Nandi ein Kriegervolk waren und jeder junge

Anhänger von Stammesreligionen leben auf Papua-Neuguinea, in Indonesien, in den Berggebieten Indiens, Chinas und Südostasiens, unter den Indianern Nord-, Mittel- und Südamerikas, den Eskimos in Kanada, Sibirien und auf Grönland und vor allem unter den mehr als 800 Stämmen Afrikas.

Gebet aus Afrika

O Gott, du bist groß,
Du bist mein Schöpfer,
Ich habe keinen anderen.
Gott, du bist im Himmel,
Du bist der Einzig-Eine:
Jetzt ist mein Kind krank,
und du wirst meinen Wunsch erfüllen.

Mann eine Anzahl von Jahren Krieger war.

Obwohl inzwischen Christen, unterziehen sich die meisten Nandi noch heute den traditionellen, von Stammesältesten überwachten Initiationsriten. Durch ihre Symbolik bewahren diese Riten die traditionelle Weltanschauung. In einer sich rapide verändernden Welt helfen sie dem einzelnen und der Gemeinschaft, an ihrer Identität festzuhalten.

Schlüsselfiguren

Medizinmann: Der Arzt in der Stammesgesellschaft. Fälschlich oft »Zauberdoktor« genannt. Heilkundiger mit oder ohne formelle Ausbildung. Hochgeachtet in der Gesellschaft.

Medium: Ein Mensch, der mit Geistern oder den lebenden Toten (Ahnen) in Trance Kontakt aufnimmt.

Wahrsager: Mit Hilfe von Medien, Orakeln, Besessenheit und verschiedenen Gegenständen wie außergewöhnlich geformten Knochen und Wurzeln, Kürbisflaschen, Kauriemuscheln und Kieselsteinen finden sie z.B. die Ursache von Krankheiten heraus. Häufig verwenden sie »gute Magie«, um Zauberei zu bekämpfen.

Schamanen: In einigen Gesellschaften sind sie Propheten oder Seher. Sie üben Macht über die Geister aus.

Priester: Sie sind ausgesondert für den Dienst Gottes und fungieren in Tempeln und Schreinen als Mittler zwischen Gott und Mensch. In Afrika werden auch die als Priester bezeichnet, die z.B. in heiligen Hainen religiöse Riten durchführen.

Hexen und Zauberer: Sie schaden Menschen durch böse Magie. Die Fähigkeit, anderen zu schaden, ist den Hexen angeboren und ihnen selbst oft unbewußt. Zauberer verwenden verschiedene Mittel, um bewußt Schaden anzurichten.

In Not

Metson, eine depressive Hausfrau im Fischerdorf Tawang in Kelantan, Malaysia, erlebt ein bedeutendes Geschehen: Sie ist in Trance, und der Geist, der von ihr Besitz ergriffen hat, wird von einem Schamanen verhört. Sie leidet an Verlust der Seele: Böse Geister sind eingedrungen und haben das empfindliche Gleichgewicht ihrer »Körpersäfte« gestört.

Der Schamane soll den bösen Geist austreiben und so die Seele heilen bzw. zurückholen. Dazu muß er sich in Trance versetzen und durch den ihm dienenden Geist Metsons Geist verhören. Metson bleibt dabei nicht passiv. Sie muß selbst wollen, daß der Geist sie ver-

läßt. Wenn der Schamane sie in Trance versetzt hat, kann der böse Geist an die Oberfläche kommen und zurechtgewiesen werden. So geschehen Diagnose und Heilung in der Öffentlichkeit. Am Abend darauf nimmt Metson dann an einer Art Komödie teil, zur Feier der Vertreibung des bösen Geistes.

Metson ist eine muslimische Frau und sehr stark abhängig von ihrem Mann und seiner Sippe. Sie muß jederzeit mit einer Scheidung rechnen. Da ist die Austreibung des bösen Geistes eine wichtige Psychotherapie, besonders dann, wenn die Krankheit psychosomatisch ist. In der Zeremonie kann Metson ihren Gefühlen Ausdruck verleihen und sich dann wieder leichter in ihre soziale Rolle einfügen.

Die ersten Europäer, die australischen Ureinwohnern begegneten, dachten, diese hätten keine Religion. In Wirklichkeit ist Religion Grundlage für deren ganzes tägliches und soziales Leben.
Hier wird in einer Zeremonie der Übergang vom Tod in ein Leben danach dargestellt.

Traditioneller Glaube

Jeder Stamm hat seine eigene Religion. Aber trotz vieler Unterschiede findet man bestimmte Aspekte überall in der Welt, z.B. den Glauben an die Nähe der Geister und der Verstorbenen. Beispiele aus einigen afrikanischen Stämmen sollen zeigen, wie traditioneller Glaube aussieht.

Die Nkole in Ankole, Uganda, glauben an Ruhanga, den Schöpfer aller Dinge. Ruhanga ist ein personaler, aber sehr ferner Gott. Er ist das Prinzip der Ordnung und deshalb gut. Aber er mag nicht gerne direkt in das menschliche Leben eingreifen.

Ein Mythos aus Westafrika stellt das ähnlich dar: »Früher war der Himmel, über dem Gott lebte, sehr niedrig. Eine Frau hatte einen sehr langen Stößel, und wenn sie Getreide stampfte, stieß sie damit gegen den Himmel. Einmal holte sie so heftig aus, daß sie Gott ins Auge stieß. Im Ärger entfernte sich Gott von den Menschen und kam ihnen nie wieder nahe.«

Die Sippengeister und die Geister der Verstorbenen sind den Nkole viel näher als Ruhanga. Die Schutzgeister jeder Sippe sollen von einem legendären Königshaus abstammen und letztlich von Ruhanga selbst.

Aus jeder Sippe muß wenigstens einer eine besondere Initiation durchlaufen. Dadurch wird er der Priester der Sippe. Er bringt den Geistern die Opfer und sorgt dafür, daß der Kult der Geister der Verstorbenen nicht ausstirbt. Darüber hinaus wird dem Kult wenig Bedeutung beigemessen, es sei denn, die Sippengeister werden ärgerlich.

Die Geister der Verstorbenen verlangen mehr Beachtung als die Sippengeister. Die Geister der Verstorbenen sind oft böswillig. Sie strafen böse Taten, und oft belohnen sie gute nicht. Deswegen muß der Beerdigung von Verwandten große Sorgfalt gewidmet werden. Die Verstorbenen rächen sich für Vernachlässigung. In vielen Völkern sind sie die Hüter der Moral.

Die Massai und die Nandi in Ostafrika messen den Geistern wenig

In allen Kulturen ist der Übergang vom Leben zum Tod von Riten begleitet. Bei den Toraja in Indonesien dauert die Beerdigung eines Vornehmen drei Wochen. An der Grabstätte stehen lebensgroße Holzfiguren der Verstorbenen.

Grundideen

Magie: Der Versuch, den Lauf der Natur durch besondere Handlungen oder Kräfte zu beherrschen. Findet sich in allen Kulturen, selbst im »wissenschaftlichen« Westen.

Mana: Der pazifische Ausdruck für das, was in Afrika als »Lebenskraft« bezeichnet wird. Setzt voraus, daß es eine Kraft (oder Kräfte) gibt, die der Mensch zu seinem Nutzen anzapfen kann.

Totem: Jeder Gegenstand, zu dem eine Gruppe von Menschen eine mystische Beziehung hat. Tiere oder Orte können Totems sein, auch leblose Dinge. Totemtiere dürfen nicht oder nur unter ganz besonderen Umständen getötet und gegessen werden.

Tabu: Personen und Gegenstände, die als heilig oder verboten angesehen werden und nicht berührt werden dürfen.

Bedeutung bei, dafür dem höchsten Gott um so mehr. Gott ist für sie nicht fern, und er wird, oft täglich, um Schutz angerufen. Er ist der dem Menschen wohlgesinnte Schöpfer, der Erhalter des Lebens und der Schutz der Gerechtigkeit. Bei vielen Völkern Westafrikas ist Gott von einer Vielzahl von Gottheiten und Geistern umgeben.

2

HINDUISMUS

Die »ewige Religion« des Hinduismus umfaßt alle persönlichen und gesellschaftlichen Bereiche und führt den Menschen durch den Kreislauf von Leben, Tod und Wiedergeburt.

Hindus verbrennen die Leichname ihrer Angehörigen und streuen die Asche auf den Ganges. Dessen Wasser gilt als heilig und als Symbol für das ewige Leben.

»Hindu« bedeutet »Inder«, »Hinduismus« ist also die vorherrschende Religion Indiens. Eine Definition ist allerdings nicht so einfach. Der Hinduismus ist vielfältig und schwer zu beschreiben. Er hat keinen Gründer und kein Glaubensbekenntnis. Aber er hat heilige Schriften, und die älteste davon, der *Rig Veda*, bildet den Schlüssel zum Verständnis des Hinduismus.

Zwischen 1800 und 1600 v.Chr. – etwa zu der Zeit von Abraham, Isaak und Jakob – drangen kriegerische arische Stämme von Nordwesten nach Indien ein und ließen sich im heutigen Punjab nieder. Sie hatten eine bedeutende Priesterklasse, die Hymnen an die Götter verfaßte, die bei Opfern rezitiert wurden. Diese Hymnen wurden mündlich erstaunlich zuverlässig überliefert, bis Jahrhunderte später 1028 von ihnen als *Rig Veda* niedergeschrieben wurden.

Der Hinduismus entwickelt sich

Die arische Religion breitete sich aus und nahm dabei viele Elemente der alten indischen Kulturen auf. Der Hinduismus gleicht einem breiten, tiefen Strom, in den im Laufe von 3000 Jahren viele Nebenflüsse geflossen sind. Diese Nebenflüsse sind die religiösen Vorstellungen der vielen Völker, Rassen und Kulturen des indischen Subkontinents. Des-

Heilige Schriften

Die Veden Der *Rig Veda* besteht aus Liedern, die um 900 v.Chr. verfaßt wurden.
Der *Sama Veda* enthält vorwiegend Verse aus dem Rig Veda, neu angeordnet, so daß sie zu Opfern gesungen werden können.
Der *Yajur Veda* ist in Prosa geschrieben; enthält Anweisungen für die Priester beim Opfer.
Der *Atharva Veda* enthält in Versen magische Formeln, die Heilung von Krankheit und Kriegsglück bringen sollen.

Die *Brahmanas* ergänzen die Veden durch ausführliche Erklärungen zu den Opferriten.
Die *Upanishaden*, geschrieben um 600 v.Chr., basieren auf den Veden, sind aber Ausdruck einer Entwicklung vom Ritus hin zur Philosophie (Reinkarnationslehre).

Die Rechtsbücher regeln das soziale Leben.

Die großen Epen *Mahabharata* und *Ramayana* zeigen die Komplexität hinduisti-schen Glaubens und Lebens. Das *Mahabharata* enthält die bekannteste und beliebteste Schrift des neueren Hinduismus, die *Bhagavad Gita*.

Die Puranas entwickeln die Mythologie des klassischen Hinduismus weiter in umfangreichen poetischen Texten aus dem Mittelalter.

Schlüsselbegriffe

Brahman: Alles durchdringende, aus sich selbst existierende Kraft, kosmische Einheit.

Atman: Wesen oder Prinzip des Lebens. Im Unterschied zu Brahman Wirklichkeit in ihren individuellen Formen.

Maya (»Illusion«): Diese Welt ist weder real noch irreal.

Advaita: Es gibt nur eine Wirklichkeit. Alle Dinge sind eins. Der Vedanta-Philosoph Shankara vertritt die strikte Form dieser Lehre, den Monismus.

Dharma: Moralische und religiöse Pflicht.

Karma (»Tat«): Das eherne Gesetz von Ursache und Wirkung. Böse Taten führen zur Wiedergeburt auf niedrigerer Stufe, z.B. als Tier; gute Taten führen zur Wiedergeburt auf höherer Stufe, z.B. als Priester.

Samsara: Die Bindung an Leben, Tod und Wiedergeburt unter der Herrschaft des Karma-Gesetzes.

Moksha (»Freilassung«): Befreiung vom Rad der Wiederverkörperungen.

Bhakti: Anbetung einer einzelnen Gottheit. Erlösung durch Glauben, nicht durch Werke oder Erkenntnis.

mus bei aller Vielfalt einige erkennbare Charakteristiken. Dazu gehört die Lehre von der Wiederverkörperung, der Glaube, daß beim Tod die Seele in einen anderen Körper eingeht, bis sie vom »Rad der Wiedergeburten« erlöst wird.

Die vielen Wege zum Heil

Es gibt etwa 700 Millionen Hindus, vorwiegend in Indien, aber auch in anderen Teilen Asiens und unter Indern in Afrika, in Westindien und neuerdings auch in Europa und den

wegen gibt es fast so viele Formen des Hinduismus, wie es Dörfer oder Gruppen von Hindus gibt.

Die Hauptströmung ist die Religion, die aus dem Rig Veda und den späteren vedischen Schriften erwuchs. Deshalb hat der Hinduis-

USA. Der Hinduismus bietet, vereinfacht ausgedrückt, drei Wege der Erlösung vom Rad der Wiedergeburten: Erkenntnis, Pflichterfüllung und andächtige Hingabe.

So finden wir im Hinduismus neben dem hochphilosophischen Streben nach Erkenntnis der letzten Wirklichkeit die geduldige meditative Versenkung und die hingebungsvolle Verehrung der zahllosen volkstümlichen Götter. Durch den Kontakt mit dem Westen sind seit dem 19. Jahrhundert auch verschiedene hinduistische Reformbewegungen entstanden.

Aber im wesentlichen bedeutet Hinduismus heute, sich der hinduistischen Lebensart zu verschreiben und ihr so gut wie möglich zu folgen.

Der Glaube

Im tiefsten Grunde sind die Hindus Monisten, die hinter der Vielfalt der Dinge und der Götter einen letzten Urgrund glauben – Brahman, »das Absolute«. Er regiert die Welt mit Hilfe vieler niederer Gottheiten.

Hindu-Pilger kommen an den Ganges, um sich durch ein rituelles Bad zu reinigen.

Die Hindu-Götter

Die Götter der vedischen Zeit

Agni
Die Lebenskraft der Natur. Der Gott des Feuers und des Opfers.

Indra
Himmelsgott und Kriegsgott.

Varuna
Der Erhalter der kosmischen Ordnung; er hat die Macht, zu strafen und zu lohnen.

Spätere Götter

Brahma — der Schöpfer
Der Herr aller Geschöpfe. Er ist jenseits aller Anbetung, deswegen gibt es praktisch keine ihm geweihten Tempel.

Vishnu — der Erhalter
Herr des menschlichen Schicksals. Er wendete sich in zehn Inkarnationen (avataras) den Menschen zu. Er ist freundlich gesonnen.

Shiva — der Zerstörer
Die Quelle von Gutem und Bösem. Der Zerstörer des Lebens und der Schöpfer neuen Lebens.

Sarasvati
Brahmas Gemahlin. Göttin der Gelehrsamkeit und der Wahrheit.

Lakshmi
Vishnus Gemahlin. Die Göttin der Schönheit und des Glücks.

Kali/Durga
Shivas Gemahlin. Die »große Mutter«. Sie ist Symbol des Gerichtes und des Todes.

Die zehn Inkarnationen Vishnus

1. Matsya
Der Fisch. Er erschien zur Zeit der großen Flut, um die Menschen zu warnen.

2. Kurma
Die Schildkröte. Er rettete Schätze aus der Flut.

3. Varaha
Der Eber. Er holte die von einem Dämon in die Tiefe gestürzte Erde wieder herauf.

4. Nara-Simha
Der Mann-Löwe. Er besiegte böse Dämonen.

5. Vamana
Der Zwerg. Er besiegte den Dämonen Bali, der die drei Welten beherrschte.

6. Parusha-Rama
»Rama mit dem Beil«. Er vernichtete Mitglieder der Kshatriya Kriegerkaste, die die Welt beherrschen wollten.

7. Rama-Chandra
Der Held des Ramayana Epos. Er war ein edler Held, der das Böse in der Welt bekämpfte. Vorbild der Tugendhaftigkeit.

8. Krishna
Er ist ein avatara Vishnus und zugleich ein eigener Gott. Er ist der beliebteste aller Götter, der Held vieler Mythen, die ihn als Liebhaber, Krieger und König darstellen.

9. Buddha
»Der Erleuchtete«. Der neunte avatara ist Siddharta Gautama, der Gründer des Buddhismus.

10. Kalki
Der zehnte avatara wird erst noch erscheinen.

Der gebildete Hindu sieht sie etwa in der Rolle, die in einigen Zweigen des Christentums die Heiligen und die Engel spielen. Für den schlichten Hindu in einem der Dörfer Indiens sind sie aber viel wichtiger.

Der volkstümliche Hinduismus der Dörfer Indiens kann in drei Zweige gegliedert werden, die eine jeweils eigene Auffassung vom Wesen und Namen des höchsten Gottes haben, der Vishnu, Shiva oder Shakti genannt wird. Die drei Zweige sind in allen Teilen Indiens zu finden, aber die Verehrer Shivas sind in Kaschmir im Norden und in Tamil im Süden stark verbreitet, die Verehrer Shaktis in Bengalen und Assam. Die drei Zweige leben mehr oder weniger in Harmonie, und Anhänger des einen Gottes beten gelegentlich auch im Heiligtum des anderen an. Gebildete Hindus halten die drei Götter eher für verschiedene Ansichten des gleichen höchsten Gottes, des Weltprinzips.

Krishna spielt auf seiner Flöte. Krishna ist einer der beliebtesten und wichtigsten Inkarnationen (avataras) von Vishnu, dem Erhalter.

Die drei Zweige

Vishnu wird meist in einer seiner zehn Inkarnationen verehrt. Er ist stets gütig und thront neben seiner Frau, der Göttin Lakshmi, im Himmel. Aber weil ihm die Welt am Herzen liegt, kommt er von Zeit zu Zeit in einer Inkarnation auf die Erde.

Shiva dagegen hat auch eine dunkle, schreckliche Seite, die er von Rudra, dem vedischen Berg- und Wettergott, übernommen haben mag. Er soll sich oft auf Schlachtfeldern und Friedhöfen aufhalten. Skulpturen zeigen Shiva oft mit einem Kranz von Totenschädeln und umgeben von bösen Geistern bei seinem schrecklichen Tanz, mit dem er die Welt zerstört. Er wird aber auch als der große Asket dargestellt, im Himalaya in ständige Meditation versunken. Shiva wird als Bild verehrt oder in seinem Wahrzeichen, der *linga*, einer kurzen, runden phallischen Säule, einem Symbol der Schöpferkraft Gottes. Es gibt im Shivaismus Tieropfer, und manche Asketen fügen sich selbst Schmerz zu. Dennoch sehen die meisten ihren Gott als liebevoll und barmherzig an.

Für andere ist Shakti, die große Muttergöttin, die höchste Gottheit.

Die Shaktas meinen, daß der Gott in seiner männlichen Seinsweise in der Welt nicht aktiv sei und Anbetung nicht nötig habe. Statt dessen wird Shakti, seine Frau, angebetet, sei es als die wilde Durga oder Kali oder als die milde Parvati oder Uma. In ihrer zerstörerischen Form wird Shakti oft als häßliches altes Weib abgebildet, das die verschiedensten Waffen trägt und auf einem Dämon herumtrampelt. Noch heute werden ihr oft Tieropfer dargebracht, früher wurden Durga sogar Menschen geopfert. In ihrer milden Form erscheint Shakti als wunderschöne junge Frau. Sie kann zwar ihre Wut auf Sünder loslassen, ist jedoch zu ihren Verehrern fürsorglich und liebevoll.

Andere wichtige Götter, die angebetet werden, sind z.B. Ganesh, der Elefantengott, Hanuman, der Affengott, und Surya, der Sonnengott.

Lebensweise

Hindu zu sein bedeutet, auf eine ganz bestimmte Weise in einer von Gott geordneten Gesellschaft zu leben. Die grundlegende Einheit dieser Gesellschaft ist die Familie. Zu jeder Lebensstufe gehören deswegen bestimmte familiäre Riten. Geburt, Initiation, Heirat und Tod haben je ihre eigenen Riten. Dazu kommen feste Riten im Tagesablauf und die jährlichen Feste. Der einzelne wird so ständig daran erinnert, daß er zu einer Familie gehört, die Teil einer Kaste ist.

Die Heiratszeremonie hat für Hindus große persönliche und religiöse Bedeutung.

Aus den heiligen Schriften

Nicht war Nichtseiendes,
nicht Seiendes war
damals,
Nicht war Luftraum,
Firmament über ihm,
Was webte damals? Wo?
In wessen Schutz? . . .
Nicht Tod, nicht Leben
war da,
Nicht unterscheidendes
Merkmal zwischen Tag
und Nacht.
Das atmete, jedoch in
eigener Weise,
Ohne Hauch, das Eine.
Von ihm verschieden war
sonst nichts vorhan-
den . . .
Rig Veda 10.129,1 — 2

Was du vollbringst und
was du ißt,
Dein ganzes Opfern und
Kastein,
Das sollst du gleichsam
immerdar
Als eine Darbringung mir
weihn.
So wirst du frei vom

Bann der Tat,
Ob Freuden oder Leid sie
bringt,
Zu mir geht einst erlöset
ein,
Wem der Entsagung
Werk gelingt.
Zu allen Wesen steh' ich
gleich,
Bin keines Freund und
keines Feind,
Doch wer mich gläubig
ehrt, der bleibt
mit mir wie ich mit ihm
vereint.
Auch wenn ein durchaus
schlechter Mensch
An mir in gläub'ger In-
brunst hängt,
Ist doch als fromm er an-
zusehn,
Weil er in rechtem Glau-
ben denkt.
Bald wird er reinen Her-
zens dann
Und geht zum ew'gen
Frieden ein,
Denn niemals wird, das
glaube mir,

Wer mir vertraut, verlo-
ren sein.
Wer seine Zuflucht zu mir
nahm,
Sei seine Herkunft noch
so schlecht,
Beschreitet doch den
höchsten Pfad,
Ob Frau, ob Vaishchya
oder Knecht.
Und sollten's fromme
Weisen denn
Und Könige und Priester
nicht?
Drum flüchte aus dem
Drang der Welt
Und suche stets mein
Angesicht!
Mir denke nach, mir
hange an,
Mir opfre, stets verehre
mich,
So wirst du einst vereint
mit mir,
Das glaube, Tapfrer,
sicherlich.

Bhagavad Gita 9,27 — 34

Es gibt vier große Kasten: Priester *(brahmin),* Adlige *(kshatriya),* Kauf- leute und Bauern *(vaishya)* und die Dienenden *(shudra).* Daneben gibt es noch die »Unberührbaren« und Kastenlosen. Ursprünglich blieben die vier Kasten absolut getrennt. Man konnte nicht in eine andere Kaste heiraten, nicht einmal mit ei- nem Angehörigen einer anderen Ka- ste essen. Heute ist die Unberühr- barkeit offiziell »abgeschafft«, und es gibt staatliche Programme zur He-

bung der niederen Kasten, aber die Kastengliederung ist tief verwurzelt.

Ein Mann aus einer der drei obe- ren Kasten durchläuft vier Lebens- stadien: Lediger Student, Hausvater, Eremit, heimatloser Asket. In die er- ste Stufe tritt er durch Initiation ein. Er trägt nun die heilige Schnur über seiner linken Schulter und unter dem rechten Arm. Besonders wich- tig ist die Heirat, und die Hochzeits- riten sind sehr feierlich und kompli- ziert, denn die Heirat sorgt nicht

Feste

Indien kennt eine Fülle von Festen.

Tempelfeste: Mindestens einmal jährlich wird das Götterbild in festlicher Prozession durch die Straßen geführt.

Das Holi-Fest findet am Frühlingsbeginn (Februar/März) statt und hat seinen Ursprung in alten Fruchtbarkeitsriten. Das Volk singt, man trägt phallische Symbole vor sich her und besprengt einander mit gefärbtem Wasser und Puder.

Das Dasera-Fest: Beliebtes zehntägiges Fest (September/Oktober) zu Ehren der Göttin Durga. Geht zurück auf Ramas Sieg über Ravana, im *Ramayana* erzählt. Große Ravana-Figuren, gefüllt mit Knallkörpern und Feuerwerk, werden durch die Straßen getragen, um dann später von Ramas feurigen Pfeilen entzündet zu werden.

Das Divali-Fest ist das viertägige Neujahrsfest. Verehrt werden Rama, die Geister der Verstorbenen, sowie Vishnu und seine Frau Lakshmi, die Göttin des Wohlstandes. Das Haus wird gefegt, Öllampen werden angezündet, um böse Geister zu vertreiben. Geschäftsleute feiern das Divali-Fest besonders und beginnen neue Bücher mit der Bitte an Lakshmi um geschäftlichen Erfolg im neuen Jahr.

nur für den Fortbestand der Familie, sondern auch für das Wohlergehen der verstorbenen Familienmitglieder in der anderen Welt. Nur ein Sohn kann die Begräbnisriten durchführen, die der Seele seines verstorbenen Vaters einen neuen, spirituellen Körper vermitteln, mit dem sie ins nächste Leben eingehen kann.

Religion in der Familie

Die wichtigsten Riten werden zu Hause durchgeführt, selbst die Anbetung *(puja)*. Hindus beten als einzelne oder als Familie, aber nicht im Rahmen von Gemeinden – die gibt es nur in einigen Reformbewegungen. Die meisten Häuser haben einen Raum oder eine Ecke mit dem Familienschrein. Er enthält ein Bild oder Emblem der Gottheit, vielleicht einen mit einer Spirale bemalten Stein, der Vishnu darstellt, oder Shivas Steinsäule. Daneben findet man bunte Darstellungen aus der Hindu-Mythologie. Der Beter salbt den Gott zuerst mit Öl und rezitiert dabei bestimmte Texte. Dann setzt er sich zur Meditation nieder. Räucherstäbchen werden angezündet und Blumen und Speisen vor den Schrein gestellt.

Der Pfad der Pflichterfüllung führt zur Erlösung: Dadurch wird die Seele vom Kreislauf von Leben, Tod und Wiedergeburt erlöst.

3

BUDDHISMUS

In seinen vielen verschiedenen Formen ist
der Buddhismus eine Religion ohne einen
letzten Gott.

*Diese tibetische buddhistische Wandmalerei stellt das Rad der
Wiedergeburten dar. Es ist durchzogen vom Leiden. Der Tod ist überall
gegenwärtig. Aber im Hintergrund bleibt die Figur des Buddha,
der die Menschheit in die zeitlose Freiheit führt.*

Die drei Kleinode

Die drei Kleinode *(triratna)* des Buddhismus sind Buddha, Dharma (Buddhas Lehre) und Sangha (die Gemeinschaft der Mönche und Nonnen).

An jedem buddhistischen Schrein und bei jeder Versammlung werden die drei Kleinode dreimal angerufen mit den Worten, die Gautama seinen ersten Missionaren gab:

»Ich nehme meine Zuflucht zum Buddha.
Ich nehme meine Zuflucht zum Dharma.
Ich nehme meine Zuflucht zum Sangha.«

Die Goldene Pagode von Rangun ist das größte und älteste Heiligtum ihrer Art. Sie ist das religiöse Herz Birmas. Ihre besondere Heiligkeit gründet sich auf den Glauben, daß sie Reliquien Gautama Buddhas, des Gründers des Buddhismus, und der drei Buddhas vor ihm enthält.

Pilger kommen zu Fuß oder per Bus zu dem Hügel, den die Pagode mit ihren vielen Höfen und Kapellen bedeckt. Gewaltige Löwen bewachen die Zugänge.

Die Pilger ziehen ihre Schuhe aus und steigen viele Stufen zu einem hochgelegenen Hof hinauf. An Ständen, die die Treppen flankieren, kaufen sie alle möglichen Gegenstände: Goldplättchen, die an die Pagode geklebt werden, Räucherstäbchen, Blumen, Papierlaternen, Bilder, Gebetsperlen, Glocken, Puppen, Trommeln, Kämme, Knöpfe und Orangeade. Oben angekommen, schlägt jeder Pilger eine große Glocke, um Himmel und Erde als

Zeugen seiner frommen Leistung anzurufen.

Laien und Mönche

Der Laienpilger erwirbt sich durch Anbetung (puja) Verdienste. Dabei werden den drei Kleinoden Gaben und Dienste geopfert. Der Pilger stellt eine große Vase mit Blumen vor das Bild des Buddha. Dann legt er seine Hände vor seinem Gesicht zusammen, verbeugt sich, kniet und wirft sich nieder. Er singt die Liturgie und Abschnitte aus den heiligen Schriften, erweist dem Buddha die Ehre und zündet Weihrauch an. Dann betrachtet er meditierend ein Bild des Buddha.

Neben den Laienpilgern bevölkern Mönche die Pagode. Der Mönch singt die Liturgie und läßt dabei die Perlen seines Rosenkranzes durch seine Hände gleiten. Für ihn wie für den Laien ist Andacht eine individuelle Sache und kein Gemeinschaftserlebnis. Eigentlich

Merkmale alles Seins

Dhukkha, Leiden: Alles ist leidvoll: Geburt, Vergehen und Tod, Trauer, Klage, Schmerz und Verzweiflung.

Anicca, Vergänglichkeit: Alles kommt auf, geht vorbei, verändert sich, verschwindet und löst sich auf. Das geschieht jeden Augenblick.

Anatta, Nicht-das-Selbst: Die Vorstellung eines unvergänglichen Selbst als Grundlage individueller Persönlichkeit ist eine Fiktion.

Buddhistische Mönche sind an ihrem geschorenen Kopf und orangen Gewand leicht zu erkennen. Sie widmen ihr Leben dem Gebet und der Meditation.

ist Andacht überhaupt nur Sache der Mönche, denn im Buddhismus ist der Mönch die Norm, vielleicht ist er gar der einzig wahre Buddhist. Man sagt, daß ein Laie die Seligkeit (das *Nirwana*) nur erlangt, wenn er in einem früheren Leben Mönch war.

Der Mönch ist am gelben oder safranfarbigen Gewand und am kahlgeschorenen Kopf zu erkennen. Er besitzt nur sein Gewand, seine Bettelschale, ein Rasiermesser, eine Nadel und einen Wasserfilter. Er bettelt um sein Essen. In den buddhistischen Ländern Südostasiens kann man jeden Morgen sehen, wie die Mönche ihre Runde machen und den Passanten ihre lak-kierte Bettelschale entgegenhalten.

Die Mönche werden unter bestimmten Zeremonien in den Orden *(sangha)* aufgenommen. Sie sind aber nicht lebenslänglich daran gebunden. Sie können jederzeit wieder Laien werden. In manchen Ländern verbringt jeder Junge eine Zeit im Kloster, und sei es nur für eine Woche. Andere gehen während der Regenzeit in ein Kloster, um zu meditieren.

Zwei Richtungen

Aus einer gemeinsamen Wurzel sind die beiden Hauptrichtungen des Buddhismus erwachsen: Theravada und Mahayana. Mahayana heißt »großes Fahrzeug«, und Theravada wird oft abwertend »Hinayana«, »kleines Fahrzeug« genannt. Die Lehre Buddhas wird als Floß oder Schiff betrachtet, mit dem man den Ozean der Welt des Leides überqueren kann – hin zum Nirwana.

Theravada ist die ältere Form des Buddhismus und beruht auf einer Sammlung von Lehren, die auf einer Konferenz nicht lange nach Gautamas Tod bestätigt wurden. Theravada verheißt nur den Mönchen Erlösung. Mahayana gehört zur zweiten Phase buddhistischen Denkens. Die Entstehung dieser Richtung fällt mit der Entstehung des Christentums zeitlich zusammen. Mahayana bietet allen Erlösung an.

Die meisten Buddhisten sind Anhänger des Mahayana und leben im Norden (Nepal, Tibet, Vietnam, China, Korea, Japan). Theravada ist vorherrschend in Sri Lanka, Birma, Thailand, Laos und Kambodscha. In Indien, der Urheimat, gibt es nur eine buddhistische Minderheit, die z.Z. eine Neubelebung erfährt. In China, Tibet, Vietnam, Laos und Kambodscha ist der Buddhismus bedroht. In Europa und Amerika gewinnt er zunehmend Anerkennung.

Die Dachspitze eines buddhistischen Klosters bei Lhasa in Tibet. Das Kloster ist ein Ort des Friedens für die Meditation und ein religiöses Zentrum für junge buddhistische Männer.

Gautama der Buddha

Nach der Überlieferung war Siddhartha Gautama der Gründer des Buddhismus. Er lebte etwa zwischen 563–483 v.Chr. Was über sein Leben und seine Lehre bekannt ist, gründet sich auf die heiligen Schriften des Theravada-Buddhismus. Sie wurden ca. 400 Jahre nach Gautamas Tod niedergeschrieben. Bis dahin waren Leben und Lehre des Buddha mündlich überliefert worden. Für den frühen Buddhismus waren die Worte seines Gründers wichtiger als sein Leben. Deswegen wurde eine Biographie Gautamas Buddhas erst

Der achtgliedrige Pfad

Die älteste und grundlegendste Beschreibung des Pfades ist, daß er dreifach ist. Die drei Teile sind: Sittlichkeit, Meditation und Einsicht.

Der Weg

- Rechte Anschauung
- Rechte Gesinnung
- Rechtes Reden
- Rechtes Handeln
- Rechtes Leben
- Rechtes Streben
- Rechtes Überdenken
- Rechtes Sich-Versenken

Sittlichkeit: kommt in den fünf Grundregeln zum Ausdruck

Meditation: Befreiung, Geisteszucht und Sammlung

Einsicht: den vier edlen Wahrheiten folgen

Die vier edlen Wahrheiten

- Die edle Wahrheit vom Leiden: Alles individuelle Dasein ist leidvoll.
- Die edle Wahrheit vom Ursprung des Leidens: Leiden entsteht aus dem Begehren.
- Die edle Wahrheit von der Aufhebung des Leidens: Wer das Begehren aufhebt, beendet das Leiden.
- Die edle Wahrheit vom Pfad zur Aufhebung des Leidens: Der edle achtgliedrige Pfad, den der Buddha vorangegangen ist, führt zur Aufhebung des Leidens.

In der ganzen buddhistischen Welt sind die Darstellungen des Buddha gleich. Die größte Skulptur ist der Daibutsu in Japan. Er wurde vor über 700 Jahren in Bronze gegossen.

wurde, und zuletzt begegnete er einem wandernden Asketen mit geschorenem Kopf und gelbem Gewand, der Frieden und Freude ausstrahlte.

Verzicht und Erleuchtung

Dann folgte im Leben Buddhas der *große Verzicht.* Gautama entschloß sich, seine Frau und sein Kind zu verlassen und Asket zu werden. Sechs Jahre lang mühte er sich mit fünf Genossen, Erlösung von der Last des Lebens zu finden. Am Ende war er nur noch Haut und Knochen, hatte aber nicht gefunden, was er suchte.

Er verließ seine Genossen, um ganz allein unter einem wilden Feigenbaum (Bodhi-Baum) am Gaya-Fluß zu meditieren.

Dort erlebte er die *große Erleuchtung.* Er begriff, daß das Leid und seine Ursache, das Begehren, der Grund aller Probleme des Menschen seien. Das Begehren könne aber beendet werden, wenn der Mensch den »mittleren Pfad« zwischen Sinnenlust und Askese einschlüge.

Dann ging Gautama in den Gazellenhain Isipatana bei Benares und hielt dort seinen früheren Begleitern die erste Predigt von der Aufhebung des Leides. Die fünf wurden seine ersten Jünger *(arhats),* bald schlossen sich ihnen 60 weitere an.

40 Jahre lang zog der Buddha dann durch Nordindien, predigte und gründete einen Mönchs- und Nonnenorden.

im 2. Jh. n.Chr. geschrieben. Doch die wichtigsten Ereignisse seines Lebens sind bekannt.

Gautama war der Sohn eines reichen Adligen aus der Shakya-Familie. Er wuchs in einer kleinen Stadt an dem Fuße des Himalaya im heutigen Nepal auf. Während seiner Kindheit versuchte sein Vater, ihn von allem Leid abzuschirmen. Er lebte in herrlichen Palästen, lernte, was ein Prinz lernen konnte, und heiratete eine schöne Prinzessin, die ihm einen Sohn gebar. Doch Gautama wurde vom Problem des Leids beunruhigt. Gegen seines Vaters Willen brach er aus seiner behüteten Umgebung aus. Draußen traf er zuerst einen senilen Greis, dann einen kranken Mann. Dann sah er, wie ein Toter zum Friedhof getragen

Heilige Schriften

Die Lehren des Buddhismus finden sich in der *Tripitaka* (Dreikorb) genannten Sammlung älterer heiliger Schriften und in den späteren Schriften der verschiedenen buddhistischen Schulen.

Der Tripitaka besteht aus drei Teilen. Der *Vinaya-Pitaka* (»Korb der Disziplin«) regelt das Mönchsleben. Der *Sutrapitaka* oder *Dharmapitaka* (»Korb der Lehrreden«) enthält Lehrreden, das Leben Buddhas, die Lehre der Reinkarnation, die drei Kleinode und die Grundregeln. Der Abhidharmapitaka enthält Dogmatik und Philosophie.

Der Dhammapada (»Pfad der Natur«) ist der älteste buddhistische Text. Er ist kurz, aber sehr wichtig und enthält die vier Wahrheiten, den achtgliedrigen Pfad und wichtige Lehren zu Moral und Selbstdisziplin.

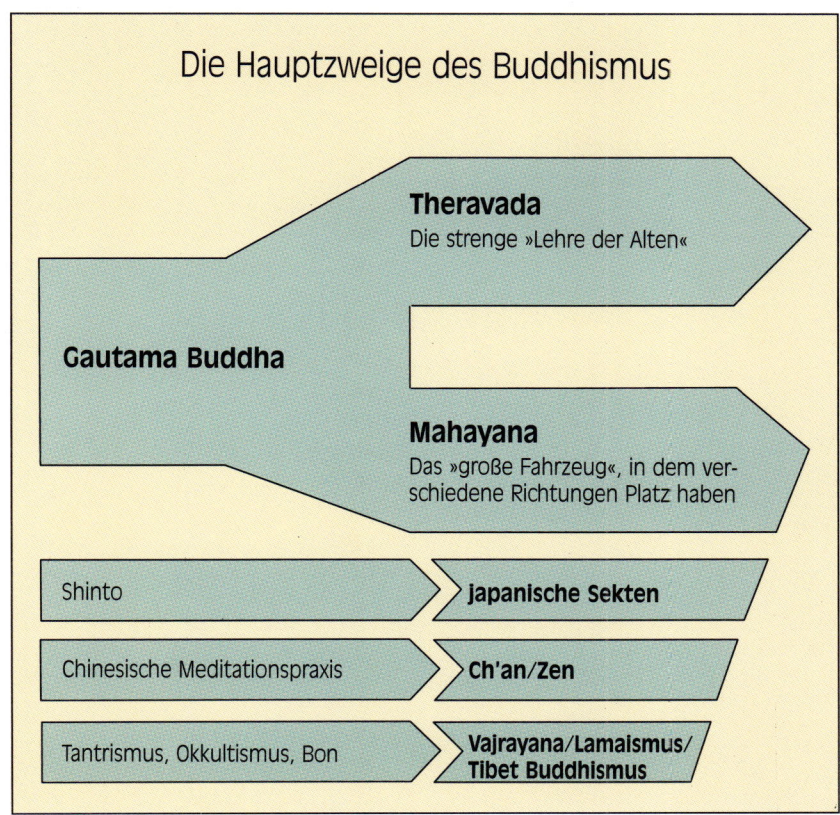

Die Hauptzweige des Buddhismus

Gautama Buddha

Theravada
Die strenge »Lehre der Alten«

Mahayana
Das »große Fahrzeug«, in dem verschiedene Richtungen Platz haben

Shinto → **Japanische Sekten**

Chinesische Meditationspraxis → **Ch'an/Zen**

Tantrismus, Okkultismus, Bon → **Vajrayana/Lamaismus/ Tibet Buddhismus**

Obwohl Buddha in der Geschichte einmalig ist, können auch andere Menschen ein Buddha werden. Allerdings werden nur sehr wenige dieses Ziel erreichen.

Aus den heiligen Schriften

Den Kreislauf vieler Geburten
habe ich ruhelos durchlaufen,
den Bildner des Hauses suchend;
qualvoll ist die ewige Wiedergeburt.
Nun bist du erschaut, Bildner des Hauses,
kein Haus du mehr bauen wirst;
denn gebrochen sind deine Balken,
und des Hauses Dach vernichtet,
das Herz, frei geworden,
hat alle Begierden getilgt.

Dhamma-pada 153f

Gautama starb 80jährig.
Seine Jünger verbrannten seinen
Leichnam und teilten die Asche
zwischen acht Sippen auf. Jede Sippe baute einen kunstvollen heiligen
Grabhügel *(stupa)*, um die Reliquien
aufzubewahren. Für den Laien-
buddhisten wurden diese *stupas*
Zentren des religiösen Lebens.
Später entwickelten sich daraus
die Pagoden.

Der Weg zur Erlösung

Der »mittlere Pfad« des Buddhismus
erscheint als Religion der Selbsterlö-
sung, wobei man im Buddhismus
vom »Selbst« eigentlich nicht sprechen kann. Nicht irgendein »unver-
gängliches Selbst« verbindet die
Existenz des Menschen mit seinen
früheren Existenzen, sondern sein
karma, seine Taten, die Kette von
Ursache und Wirkung. Ziel der
menschlichen Existenz ist das
Nirwana, ein Zustand des Glücks,
in dem es kein Begehren mehr gibt
und kein *karma. Nirwana* bedeutet
nicht Vernichtung, absolutes Nichts,
und trotzdem ist es formlos und un-
geschaffen.
Später mußte sich im Buddhismus fast zwangsläufig eine Lehre
entwickeln, die Erlösung für alle
möglich macht. So entstand eine
Lehre der Erlösung durch Glauben
und nicht durch Werke, die im japanischen Buddhismus am stärksten
ausgeprägt ist.

Die Grundregeln

Mönche und Laien versprechen, folgende fünf Grundregeln ethischen
Verhaltens *(Silas)* einzuhalten:

- Kein Leben zerstören.
- Nicht lügen.
- Diebstahl unterlassen.
- Berauschende Getränke meiden.
- Kein unkeuscher Lebenswandel.

Einige Laien befolgen strengere Regeln und verzichten, besonders an
Festtagen, wie die Mönche auf:

- Nahrungsaufnahme nach Mittag.
- Schmuck, Parfüm.
- Tanz, Singen, Fröhlichkeit.

Mönche verzichten außerdem
darauf:

- Gold und Silber anzunehmen.
- Einen Thron oder ein Prunkbett
zu benutzen.

CHINA

Nach über 40 Jahren der Unterdrückung gibt es heute in China eine religiöse Neubelebung.

Die drei traditionellen Religionen in China — Konfuzianismus, Taoismus und Buddhismus — haben sich vielfach vermischt und wurden zur Volksreligion. Bis heute spielen sie in China eine stark prägende Rolle.

China ist das Land der »drei Wege«: Konfuzianismus, Taoismus und Buddhismus. Ursprünglich gab der Konfuzianismus der traditionellen Ahnenverehrung neues Leben, der Taoismus lieferte eine mystische Interpretation der Welt, und der Mahayana-Buddhismus brachte die Möglichkeit der Erlösung für alle durch Glauben und Frömmigkeit. Aber im Laufe der Entwicklung haben die »drei Wege« sich oft berührt und sogar vereinigt; und alle drei haben viel aus der alten Volksreligion übernommen.

In den letzten Jahrhunderten haben auch Christentum und Islam an Einfluß gewonnen, und in jüngster Zeit hat sich der Marxismus als »vierte Religion« ausgebreitet. Wie wird die Entwicklung weitergehen? Mit dem Sturz des Kaisers im Jahre 1911 hörten die staatlichen Riten auf. Der Ahnenkult verlor an Bedeutung. Nach der kommunistischen Revolution von 1949 wurde der Konfuzianismus als Hindernis für den Fortschritt verdammt, der Taoismus wurde staatlich dirigiert und der Buddhismus geduldet. Aber 1962 wurde das Grab Konfuzius' restauriert, die Tempel in Peking wurden renoviert und wieder geöffnet, und wenigstens 50 Millionen Menschen bekennen sich als Anhänger des Buddha.

Konfuzianismus

K'ung-fu-tzu, oder Konfuzius, wie christliche Missionare ihn nannten, wurde 551 v.Chr. im Stadtstaat Lu in Nordchina geboren. Er starb 479 v.Chr. Späteren Legenden zufolge soll er adliger Herkunft gewesen sein, doch von ihm selbst sind die Worte überliefert: »Als ich jung war, war ich ein gemeiner Mann und lebte sehr bescheiden.« Trotzdem wurde er einer der berühmtesten Lehrer der Welt.

Konfuzius lebte in einer Zeit politischer Wirren. Die Verwaltung Chinas übernahmen Schrift- und Ritenkundige, Ju genannt. Man vermutet, daß Konfuzius dazugehörte. Weil er jedoch sein politisches Amt bald wieder verlor, zog er als Lehrmeister umher. Er sammelte Schüler um sich und diskutierte mit ihnen die ethischen, sozialen und politischen Probleme seiner Zeit.

Konfuzianische Schriften

Die Klassiker

- Das Buch der Dokumente (Shu Ching)
- Das Buch der Lieder (Shi Ching)
- Das Buch der Wandlungen (I Ching)
- Das Buch der Riten (Li Chi)
- Das Buch der Musik (Yueh Ching)
- Frühlings- und Herbst-Annalen (Ch'un Ch'u)

Die »Vier Bücher«

- Die Gespräche (Lun Yu)
- Die Große Lehre (Ta Hsueh)
- Der Mittlere Weg (Chung Yung)
- Das Buch des Menzius (Meng Tzu Shu)

Konfuzianische Begriffe

Li: Wörtlich »Riten«, aber für Konfuzius bedeutet Li gute Sitten, Schicklichkeit, rechtes Verhalten.

Jen: Güte oder Tugend im Sinne von Selbstlosigkeit, Ehrerbietung gegen andere, Höflichkeit und Loyalität gegen Familie und Herrscher.

Hsaio: Kindliche Liebe. Aus ihr entwickeln sich die »fünf Beziehungen«:

- Zwischen Vater und Sohn;
- zwischen älteren und jüngeren Brüdern;
- zwischen Mann und Frau;
- zwischen Freund und Freund;
- zwischen Fürst und Untertanen.

Chan-tzu: Der Überlegene, der Tugendhafte, der Edle.

T'ien: Himmel. Davon erhielt Konfuzius seine Inspiration. Vermutlich bezeichnete T'ien auch ein höchstes, die Geschicke der Welt mit Bedacht lenkendes Wesen.

Tao: Der Weg, das Streben nach Tugend und sozialer Harmonie.

Shu: Das Prinzip der reziproken Beziehungen, zusammengefaßt in der negativen Fassung der »Goldenen Regeln«: »Was du dir selbst nicht wünschst, das tue auch keinem anderen.«

Das Gespräch, nicht der systematische Vortrag, war seine Lehrmethode. Die ursprünglichste Wiedergabe seiner Anschauungen ist das *Lun Yu*, eine Sammlung der Gespräche des Konfuzius mit seinen Schülern.

Konfuzius' Hauptkonzept war *li*, die Ordnung. Daraus entwickelte sich das konfuzianische Ideal des Mannes, dessen Leben von der Tugend regiert wird. Dieser Mann verhält sich verantwortungsbewußt, respektvoll gegen Höhergestellte, gerecht und freundlich gegen Niedrigere. Sein Leben ist geprägt vom Gehorsam gegenüber den Eltern.

Eine Zeremonie vor einem konfuzianischen Tempel. Der Konfuzianismus ist zwar vor allem für seine Ethik bekannt, aber er betont genauso die Meditation, das Ritual und das Opfer.

Begriffe des Taoismus

Tao (Weg) hat eine dreifache Bedeutung: letzte Wirklichkeit; das Universum beherrschendes Prinzip; Weg zum Leben in Harmonie mit dem Universum.

Te (Tugend): Kraft, seelische Anziehungskraft der menschlichen Persönlichkeit.

Wu-wei (Nicht-Handeln): Grundlage der taoistischen Ethik ist, daß der Mensch die Anstrengungslosigkeit der Natur imitiert.

Laissez-faire-Regierung: Prinzip des Nicht-Handelns auf die Politik übertragen. Form der Anarchie: »Regieren durch Nicht-Regieren.«

Yin und Yang: Altes Prinzip von Aktivität und Passivität. Yang bezeichnet die aktive männliche Kraft, yin die passive weibliche. Der Himmel ist aktiv, die Erde passiv. Der Taoismus neigt dem yin zu. Das Gute wird oft mit yang identifiziert, das Böse mit yin.

Als Sohn sorgt er für seine Eltern und verehrt die Ahnen. Konfuzius betonte stark die Eltern-Kind-Beziehung, aber der Ahnenkult existierte schon lange vor seiner Zeit.

Wie so oft, hatten auch die Schüler des Konfuzius mehr Erfolg als ihr Lehrer. Meng Tzu (Menzius, 390–305 v.Chr.) und Hsün Tzu (ca. 312–238 v.Chr.) waren es, die seinen Ruhm verbreiteten und seine Lehre ausbauten. Viele Konfuzianer sehen den Konfuzianismus nicht als Religion an, sondern als Ethik. Sie müssen an keinen Gott glauben, sondern sie können ihren Meister Konfuzius verehren und zugleich einer anderen Religion folgen.

Der Taoismus

Tao bedeutet »Weg«, übertragen auch »Lebensweise« oder »Lehrgrundsatz«. Der Konfuzianismus betont mehr die Lebenspraxis, der Taoismus mehr die Lehre. Das Tao ist das höchste Prinzip, die erste Ursache und die letzte Wirklichkeit. Es bestimmt den Verlauf des Weltprozesses und ist zugleich der Weg, auf dem der Mensch in Harmonie mit dem Universum leben kann.

Die ursprüngliche Lehre des Taoismus findet sich in Chinas einflußreichstem Buch, dem *Tao-te-ching*. Laotse (geb. 604 v.Chr.) wird als sein Autor bezeichnet, aber die Forschung hält es heute für eine Sammlung von Texten verschiedener Autoren, im 4. Jh.v.Chr. zusammengestellt. Es wird sogar bezweifelt, ob Laotse wirklich gelebt hat, denn Laotse bedeutet »Alter Mei-

ster«, und diesen Titel erhielten verschiedene Lehrer.

Dem Tao folgen heißt der Natur folgen, dem Vorbild des Wassers. Wasser fließt still und ohne Anstrengung nach unten; aber es kann ungeheure Kräfte entfalten. Der Anhänger des *philosophischen Taoismus* ähnelt dem Wasser. Er ist mystisch und quietistisch: Durch Überwinden der Begierden und stilles Sichversenken kann er das Tao innerlich erfassen, mit dem Ewigen eins werden und in Harmonie leben mit den Prinzipien, die die Welt regieren. Er erlebt eine Erleuchtung ähnlich der des Yoga praktizierenden Buddhisten.

Der Taoismus wendet sich von der Gesellschaft ab; er will in der Meditation das Geheimnis des Lebens erkennen. Taoistische Klöster wie dieses in China sind Zentren der Mystik, der Versenkung und des rituellen Gebets.

Die reich geschmückten Türen eines taoisti-
schen Tempels. In den Tempeln dienen Priester;
Gläubige besuchen sie, um Hilfe angesichts von
Krankheit und Tod zu finden.

Taoistische Schriften

Chuang-Tse: Darstellung des philosophischen Taoismus.

Tao-te-ching (Der Weg und seine
Kraft): Klassiker der Mystik, Haupt-
schrift des religiösen Taoismus.
Verfasser ist Lao Tse.

»Te« bedeutet »Tugend«, »Kraft«,
und die Anhänger des volkstümlichen Taoismus versuchen durch
Magie und Riten sich diese Kraft
nutzbar zu machen.

Eine taoistische Begräbnisfeier in China. Nahe
Verwandte kleiden sich in Leichenhemden und
verbrennen Papier, das Geld darstellen soll.

Eine taoistische Schrift

Der Weg, von dem wir sprechen können,
ist nicht der ewige Weg;
der Name, den wir nennen können,
ist nicht der ewige Name.
Das Namenlose ist der Anfang
von Himmel und Erde;
das Namentragende ist die Mutter
der zehntausend Dinge.

Wer wunschlos ist,
kann das Wunder des Weges
erkennen;
wer Wünsche hat,
wird nur Scheinbares entdecken.
Diese beiden entspringen der gleichen Quelle,
aber sie tragen verschiedene Namen.
In ihrer Einheit sind sie ein
Geheimnis,
ein unendliches Geheimnis
das Tor aller Wunder.

Lao Tse, Beginn des Tao-Te-Ching

Der neue Buddhismus

Der Mahayana-Buddhismus drang im 1. Jh. v.Chr. nach China ein. Zuerst stieß er auf Widerstand. Seine Lehre von der Reinkarnation und seine Betonung des mönchischen Lebens schienen im Konflikt zu stehen mit der chinesischen Ahnenverehrung und der Wertschätzung der Familie. Aber später fand der Buddhismus wegen seiner liberalen Ideen viele Anhänger.

In der wichtigsten Schrift der Mahayana-Buddhisten, dem *Lotus Sutra*, bringt Sakyamuni, der verherrlichte Buddha, eine neue Offenbarung: Erlösung geschieht durch Glauben. Alle Menschen werden einst Buddhas sein.

Im Mahayana-Buddhismus gibt es zahllose Buddhas. Sehr populär ist Maitreya, der kommende oder der lachende Buddha, weil er Glück bringt. Beliebt ist auch Amitabha, der über das Reine Land oder das Westliche Paradies hinter den Bergen Westchinas herrscht. Zu Maitreya betet man um Wohlstand und zu Amitabha um Führung im Fahrzeug der Erlösung über das Meer des Leides zum Paradies. Wichtig sind auch die Bodhisattvas, erleuchtete Wesen, die aus Mitleid für die leidende Menschheit auf das *Nirwana* verzichteten.

Einer der Gründe für die Annahme des Buddhismus in China ist seine Gemeinsamkeit mit dem Taoismus – Ruhe und Meditation. Die chinesische Art der buddhistischen Meditation, Ch'an, ist im Westen besser unter ihrem japanischen Namen Zen bekannt.

JAPAN

Einst war die Religion in Japan Werkzeug mächtiger Herrscher. Heute gewinnt sie ganz neue Vitalität.

Japan zeigt sich uns als eine Vermischung religiöser Traditionen. Seine alten Religionen werden nach wie vor praktiziert — trotz des offensichtlich weltlichen Charakters der modernen Industriegesellschaft.

Feste sind im Shintoismus besonders wichtig. Ein großer Teil des religiösen Lebens ist Privatsache, aber die Feste, die an besonderen Schreinen gefeiert werden, bringen die Gläubigen zusammen. Dieser Tempeltänzer am Fushimi-Inari-Schrein feiert das beliebte Neujahrsfest.

Oberflächlich gesehen, scheint das moderne industrialisierte Japan an Religion wenig Interesse zu haben. Aber wenn man die gewaltige Zahl der Religionsgemeinschaften und die Masse der Tempelbesucher ansieht, wird deutlich, daß der erste Eindruck täuscht. Bei der Volkszählung von 1970 hatte Japan 100 Millionen Einwohner, aber 177 Millionen Mitglieder von Religionsgemeinschaften! Diese Vielfalt und Komplexität hängt zweifellos mit der Neigung der japanischen Kultur zur Übernahme und Assimilierung anderen Gedankenguts zusammen.

Wie in China sind auch in Japan verschiedene Religionen zusammengeflossen. Die drei wichtigsten sind: Shintoismus, Buddhismus und Konfuzianismus. Über 2000 Jahre war Shinto die Religion Japans. Seit dem 6. Jh. n.Chr. haben sowohl Buddhismus als auch Konfuzianismus das religiöse und soziale Leben

Das Gion-Fest in Kyoto, das hier zu sehen ist, ist eines der berühmtesten japanischen Feste.

Gläubige vor einem Shinto-Schrein reinigen
sich, dann nähern sie sich dem Schrein und läu-
ten eine Glocke, um die Kami (Götter) auf sich
aufmerksam zu machen.

Shinto-Schriften

Der Shintoismus hat keine Sammlung heiliger Schriften, aber eine Mythologie, festgehalten in zwei Texten
aus dem frühen 8. Jh. n.Chr. (*Kojiki*
und *Nihongi*). Eine wichtige Rolle
spielt ferner das *Engishiki* (927
n.Chr.), eine Sammlung ritueller
Gebete.

Nach der Shintomythologie begann das Zeitalter der Kami, als sich
der Kosmos aus dem Chaos entwik-
kelte. Der wichtigste Kami war der
Sonnenkami, Amaterasu-O-mikami.
Die Geschichte der Menschen begann, als Ninigi, Enkel des Sonnenkami, in niedere Regionen hinabstieg
und sein Urenkel, Jimmu Tenno, der
erste Kaiser Japans wurde.

Japans zutiefst beeinflußt. Und seit
der ersten Missionsarbeit im 16. Jh.
und ihrer Wiederaufnahme im 19.
Jh. hat das Christentum starken intellektuellen und kulturellen Einfluß ausgeübt. Dazu spielen die sog.
Neuen Religionen eine Rolle, die in
Zeiten des Überganges und der Un-
stabilität entstanden sind, sowie die
Volksreligion mit synkretistischen
Tendenzen.

Shinto

Shinto ist kein japanisches Wort. Es
wurde aus den chinesischen Wör-
tern *shen* (Götter) und *tao* (Weg)
gebildet, als der Buddhismus nach
Japan kam. Damit sollte die alte
Religion, der »Weg der Kami«, vom
Buddhismus unterschieden werden.
»Kami« ist schwer zu übersetzen. Es
bezeichnet Tiere, Vögel und Pflan-
zen; Meere und Berge; alle Phäno-

mene der Natur; selbst die Ahnen.
Mit dem Wort verbindet sich Ehrerbietung und Staunen vor dem Heiligen. Im Volksglauben gibt es 8 Millionen Kami.

Der *alte Shintoismus* verband
diese Verehrung der Natur mit einem älteren ländlichen Fruchtbar-
keitskult. Züge beider Kulte sind
heute in der Verehrung eines der
wichtigsten Kami, der Sonnengöttin
Amaterasu, am berühmten Schrein
von Ise zu sehen, sowie bei der Pilgerfahrt zum Gipfel des heiligen
Berges Fuji, bei den Saat- und Ernte-
zeremonien und bei der Verehrung
heiliger Bäume.

Zweige des Buddhismus in Japan

Tendai: Geht zurück auf Dengyo (767—822 n.Chr.). Tendai betont die eine letzte Wirklichkeit und lehrt Erlösung durch Meditation und Glauben.

Shingon hat verschiedene Ursprünge und wurde von Kobo (774—835) eingeführt. Der Kern des Universums ist ein Geheimnis, das durch Symbole und Riten zum Ausdruck gebracht wird.

Jodo: Gegründet von Honen (1133—1212). Betont die Verehrung Amida (Amitabha) Buddhas und lehrt, daß Erlösung von außen kommen kann. Die Wiederholung des Namens Amida führt zur Wiedergeburt im Reinen Land.

Jodo Shinshu: Gegründet von Shinran (1173—1262), einem der Lieblingsjünger Honens. Betont den Glauben als völlige Passivität und spricht deswegen besonders Laien an.

Zen: Blüte unter Eisei (1141—1215). Lehrt, daß Erleuchtung von innen, durch Meditation, kommt.

Nichiren: Genannt nach seinem Gründer Nichiren (1222—1282). Betont die Verehrung des Buddha, die Lehre und die heiligen Schriften. Stark nationalistisch; synkretistische Tendenzen. Betonung der Rolle der Laien.

Der Buddhismus in Japan

Zwischen 550 und 600 n.Chr. schickten verschiedene koreanische Herrscher kostbare Bilder, heilige

Sekten-Shinto

Die 13 Zweige des Sekten-Shinto lassen sich in fünf Gruppen einteilen:

Reiner Shinto: Betont die Loyalität zum Herrscherhaus und Shintoismus.

Konfuzianische Sekten: Mischung von Konfuzianismus und Shintoismus.

Bergsekten: Glauben, daß ihre Götter auf heiligen Bergen leben.

Reinigungssekten: Legen großen Wert auf körperliche und rituelle Reinheit.

Gebetsheilungssekten: Eine dieser Gruppen wurde von Bunjiro gegründet, der die Einheit Gottes und die Bruderschaft aller Menschen lehrte. Maekawa Miki lehrte, daß Krankheit und Übel geistlicher Natur seien und durch Reinigungsriten geheilt werden könnten.

Schriften und Missionare an den kaiserlichen Hof in Japan und versuchten den Kaisern klar zu machen, daß der Buddhismus ein unfehlbares Mittel sei, das nationale Wohlergehen zu sichern. Wechselnder Erfolg begleitete diese Bemühungen, bis endlich eine probuddhistische Sippe die Kontrolle über das Kaiserhaus erlangte. Über 1000 Jahre war der Mahayana-Buddhismus die Staatsreligion Japans. Buddhistische Priester übernahmen Shintoschreine und interpretierten shintoistische Anschauungen aus buddhistischer Sicht. Aber wegen der Toleranz des

Buddhismus änderte sich wenig; die Shinto-Schreine wurden sorgfältig gepflegt. Dies wird oft *doppelter Shinto* genannt.

Religion und Nationalismus

Jahrhundertelang war der Buddhismus die herrschende Religion Japans. Aber vom 15. Jh. an drängten innere und äußere Kräfte auf einen Wandel.

Entscheidend war die Öffnung Japans für den Westen im 18. und 19. Jh. Zu dieser Zeit wurde nämlich das japanische Erbe wiederentdeckt, der reine Shinto neu belebt. Seine Vertreter betonten Vaterlandsliebe, Verehrung des Kaisers, Kindergehorsam und Loyalität gegenüber der Regierung. Der zentralistische Nationalstaat sollte gestützt werden. 1890 wurde durch kaiserliches Edikt festgelegt, daß der Staats-Shinto, obwohl er Shinto-Mythologie und -Zeremonie verwendet, nicht religiös sei, und daß deswegen

alle Japaner am *Staats-Shinto* teilnehmen müßten. Christen und andere verwahrten sich gegen diesen Eingriff in die Religionsfreiheit, aber ihnen wurde versichert, daß die Riten nicht religiös, sondern nur patriotisch seien.

Der *Staats-Shinto* fand ein trauriges Ende, als nach dem verlorenen Zweiten Weltkrieg der Kaiser gezwungen wurde, zu erklären, es sei ein Irrglaube, daß der Kaiser Gott sei und daß die Japaner als Rasse anderen Rassen überlegen und deswegen bestimmt seien, die Welt zu regieren.

Religiöser Aufbruch

Das staatliche Religionsmonopol ließ die Menschen kalt und weckte nur den Wunsch nach lebendiger Religion. Daraus entstand der *Sekten-Shinto*. 1882 wurden die religiösen Organisationen in drei Kategorien eingeteilt: buddhistisch, christlich und shintoistisch. Gruppen, die

Felsengarten in einem Zen-Tempel, angelegt als Hilfe zur Meditation.

Die traditionelle Teezeremonie dient im Zen-Buddhismus als ein Mittel, um sich vom Alltag zurückzuziehen.

Er hat über die Jahrhunderte viele der chinesischen buddhistischen Schulen japanisiert und auch eigene hervorgebracht. Die im Westen bekannteste (wenn auch in Japan bei weitem nicht verbreitetste) ist Zen. Zen beruht auf der chinesischen Ch'an-Schule, deren Meditationsmethoden der Selbsterkenntnis des Theravada-Buddhismus ähneln. Die Ästhetik des Zen-Buddhismus hat das japanische Leben durchdrungen, und Zen ist berühmt für seine Verwendung alltäglicher und sogar soldatischer Fertigkeiten für das Streben nach Erleuchtung. Verwendet werden z.B. Bogenschießen und Blumen arrangieren. Durch das Unterwerfen unter die Disziplin einer bestimmten Kunst wird der Mensch zu einer Art »geordneter Spontaneität« gebracht. Die Zen-Disziplin und die konfuzianische Ethik der Ordnung waren Kräfte für das Ethos der japanischen Kriegerkaste. Aber für viele verbindet sich Zen mit dem ruhigen und streng geordneten Ablauf der Teezeremonie oder mit dem Frieden und der Ruhe des scheinbar formlosen Sandgartens.

nicht buddhistisch und nicht christlich waren, wurden als Shinto-Sekten bezeichnet. So kam es zur Unterscheidung von *Schrein-Shinto* und *Sekten-Shinto*. Im Sekten-Shinto gibt es Elemente wie Besessenheit, Gebetsheilung, Wahrsagerei und Magie. 13 Gruppen sind als Sekten-Shinto registriert, die wenig gemeinsam haben.

Seit 1945 werden auch Neue Religionen registriert, viele davon mit einem Shinto-Hintergrund, andere mit einem buddhistischen Hintergrund. Zwei der bekanntesten älteren Neuen Religionen, Tenri-kyo und Konko-kyo, entstanden Mitte des 19. Jh.s unter Kleinbauern und Arbeitern. Heute haben sie auch Anhänger in der Mittelschicht. Es soll heute über 100 Neureligionen geben mit Millionen von Anhängern, und es entstehen laufend weitere.

Doch auch der japanische Buddhismus ist noch lebendig.

JAINISMUS

Für den Jaina ist jedes Lebewesen heilig.
Grausamkeit verdunkelt das Leben, und die
schlimmste Grausamkeit ist das Töten.

Verschiedene Zeugnisse der Tempelarchitektur spiegeln die alte Größe der Jainas. Das Bild zeigt den wunderschönen Tempel von Ranakpur in Radschastan/Indien, berühmt für seine feine Marmorkunst.

Der Jainismus hat nur 3 Millionen Anhänger, die fast alle in Indien leben; aber sein Einfluß ist unverhältnismäßig weitreichend. Am deutlichsten wurde er in der Person Mahatma Gandhis, der, obwohl selbst kein Jaina, die hervorstechende Lehre des Jainismus – *ahimsa*, Gewaltlosigkeit gegen alle Lebewesen – befolgte und propagierte.

Das ewige Universum

Die Jainas glauben, daß das Universum ewig ist, ohne Anfang und Ende. Es ist nicht geschaffen, und so gibt es auch keinen Schöpfer. Das Universum durchläuft eine unbegrenzte Zahl kosmischer Zyklen. Jeder Zyklus besteht aus Phasen des Aufstiegs und des Niederganges, in

Die fünf Mönchsgelübde

Das Leben der Jain-Mönche und Nonnen ist äußerst streng. Sie geloben, sich rein zu halten von

- Töten
- Stehlen
- Lügen
- Sexualität
- Besitz

denen Kulturen entstehen und verfallen. Auf dem jeweiligen Höhepunkt erreichen die Menschen eine enorme Größe und Lebensdauer. In jedem Zyklus erscheinen 24 Tirthankaras (»Furtbereiter«), die für sich selbst die Befreiung erlangen und

Ein Jaina bringt vor einer riesigen Statue des Helden Gomatesvara Gaben dar.

Die Parabel vom Mann im Brunnen

Es gibt keine bessere Darstellung der pessimistischen Einstellung des Jainismus als die berühmte Parabel vom Mann im Brunnen. Sie soll von einem Jain-Mönch einem Fürsten erzählt worden sein, um ihn von den Übeln der Welt zu überzeugen.

Es war einmal ein Mann, der wegen seiner Armut von zu Hause weg in ein anderes Land ging. Aber nach einigen Tagen verlor er seinen Weg und fand sich in einem dichten Wald. Da begegnete er einem Elefanten, der ihn angriff. Er rannte weg, da trat ihm eine Dämonin mit bloßem Schwert in der Hand entgegen. Voll Furcht und Zittern schaute er nach allen Richtungen. Er sah einen großen Baum, auf den er fliehen wollte. Aber der Stamm war zu glatt, um hinaufzuklettern, und in seiner Todesangst sprang er in einen nahen Brunnen. Während er in den Schacht hinabfiel, gelang es ihm, einige Schilfbüschel zu packen, die am Brunnenrand wuchsen. Voller Verzweiflung hielt er sich an ihnen fest,

denn unter sich konnte er viele sich krümmende Schlangen sehen, erregt durch den Lärm seines Falles. Und auf dem Grund des Brunnens, an ihrem Zischen deutlich zu erkennen, sah er eine gewaltige schwarze Python mit weit offenem Mund. Er merkte, daß sein Leben nur so lange dauern würde, wie die Schilfbüschel ihn hielten. Da sah er, wie eine schwarze und eine weiße Maus an den Wurzeln zu knabbern begannen. Währenddessen war der Elefant aus Wut darüber, daß ihm sein Opfer entgangen war, gegen den Baum gerannt, und eine Honigwabe fiel herunter auf den Mann, der so über dem Abgrund hing. Während die Bienen ihn ärgerlich stachen, fiel zufällig ein Tropfen Honig auf seine Stirn, rollte über sein Gesicht, erreichte endlich seine Lippen und brachte dem Mann einen Augenblick Süße. Und er begehrte nach mehr und vergaß so, wie gefährlich seine Existenz war.

Nun höre die Auslegung: Der Mann ist die Seele, sein Wandern im Wald ist die Existenz. Der

wilde Elefant ist der Tod, die Dämonin das Alter. Der Baum ist die Erlösung, in ihr gibt es keine Todesfurcht, aber der sinnenverhaftete Mensch kann sie nicht erreichen. Der Brunnen ist das menschliche Leben, die Schlangen sind die Leidenschaften, die Python ist die Hölle. Das Schilfbüschel ist die Lebensspanne des Menschen, die schwarze und die weiße Maus sind die dunkle und die helle Seite des Mondes. Die Bienen sind Krankheiten und Sorgen, die Honigtropfen sind die trivialen Vergnügungen. Wie kann der Weise sie sich wünschen inmitten von so viel Not und Gefahr?

Erlösung für die Laien

Volle Erlösung kann ein Laie nur erreichen, wenn er an seinem Lebensende das »Gelübde des hohen Alters« ablegt. Zu diesem Gelübde gehört das Versprechen, das Leben durch ein freiwilliges Todesfasten zu beenden. Die *Digambaras* lehren, daß eine Frau Erlösung nur erreichen kann, wenn sie zuvor als Mann wiedergeboren wird.

Der Jainismus kennt vier Quellen des *karma:*

- Bindung an die Dinge dieses Lebens, wie Essen, Kleidung, Wohnung, Frauen und Juwelen;

- Ärger, Stolz, Betrug und Gier nachgeben;

- Hingabe von Körper, Sinn und Sprache an weltliche Dinge;

- Falscher Glaube.

Karma kann durch Verzicht auf alle Aktivitäten kontrolliert werden. Der Jainismus kennt acht Arten von *karma,* drei Zeiten des *karma* und 14 Schritte der Befreiung vom *karma.* Zwischen dem ersten und dem vierten Schritt erwirbt der Mensch Wissen und Glauben, aber erst beim fünften Schritt erkennt er die Bedeutung des rechten Wandels und wird damit fähig, die 12 Gelübde abzulegen, die das religiöse Leben des Laien prägen.

andere über den »Fluß der Seelenwanderung« führen. Die drei letzten Furtbereiter der gegenwärtigen Phase (des rapiden Verfalls) sind historische Personen. Der letzte, Vardhamana Mahavira, starb vermutlich 468 v.Chr. Der Name der Jainas ist von der Sanskrit-Entsprechung für »Furtbereiter« (*Jina,* Sieger) abgeleitet.

Mahavira, der letzte Furtbereiter

Mahavira war ein Zeitgenosse Gautamas. Wie der Buddha lehnte er die Lebensweise der Priesterkaste ab und zog die atheistische Lebensweise der besitzlosen Lehrer vor.

Mahavira war vornehmer Herkunft. Nach einer Überlieferung war er sein Leben lang ledig, nach anderer Überlieferung mit einer Prinzes-

Ein Jaina mit einem Schirm, der Insekten fernhalten soll. Lebewesen zu verletzen, auch unabsichtlich, hat die schlechtesten Folgen für das Karma. Manche Jainas tragen deshalb ein Tuch vor ihrem Mund, um nicht versehentlich ein Insekt zu verschlucken.

Jain-Tempel haben nicht unbedingt ein Götterbild, aber immer das eines Tirthankaras (Lehrer). Viele Jainas beten zu Hindu-Gottheiten um Hilfe, und viele Jain-Tempel haben Bilder von hindustischen Göttern.

sin verheiratet, die ihm einen Sohn gebar. Klar ist, daß er im Alter von 28 Jahren sich das Haar ausriß, ein einteiliges Gewand anlegte und Asket wurde. Im 13. Monat entledigte er sich auch des ihn hindernden Gewandes, und im 13. Jahr erhielt er die Kenntnis aller Dinge, die Allwissenheit. Dann lehrte er 30 Jahre lang eine große Zahl von Anhängern, Mönche, Nonnen und Laien, den Weg »begierdefreier Loslösung«. Mit 72 Jahren setzte er seinem Leben durch Sterbefasten ein Ende.

Erlösung durch Gewaltlosigkeit

Die Jainas glauben, daß das Individuum aus einer in die Welt der Materie verstrickten Seele besteht. Erlösung kann durch Befreiung der Seele von der Materie erlangt werden. Dann kann sie ewig die Glückseligkeit – das jainistische *Nirwana* – genießen.

Die Seele des Menschen ist ihrem Wesen nach hell und allwissend. Sie wird aber von *Karma*-Stoff, dem Produkt jeder Handlungsweise, durchdrungen. Selbstsüchtige, gedankenlose oder grausame Taten verdunkeln die Seele, selbstlose, überlegte und freundliche Taten hellen sie auf. Töten ist die grausamste Tat. Da alles, was lebt, eine Seele hat, sind die Jainas strenge Vegetarier und können auch nur bestimmte Berufe ausüben. Handel und Geldverleih sind die beliebtesten Berufe, und so sind viele Jainas wohlhabende Kaufleute und Bankiers geworden.

7

SIKHISMUS

Im Westen wie in ihrer indischen Heimat
sind die Sikhs eine aktive und einflußreiche
Gruppe in der Gesellschaft.

*Der Goldene Tempel von Amritsar ist das Haupthei-
ligtum und das wichtigste Wallfahrtsziel der Sikhs.*

In vielen Teilen der Welt gibt es Sikhs. Ihre Tempel schmücken die Städte Großbritanniens, Ostafrikas, Malaysias, der Westküste Kanadas und der USA. Die große Mehrheit der etwa 10 Millionen Sikhs lebt in Indien, vor allem im Punjab, »einer kleinen Insel im Meer des Hinduismus«. Aber ihr Einfluß auf das Leben Indiens ist weit größer, als ihre Zahl vermuten läßt. Sie sind bekannt für ihre fortschrittlichen landwirtschaftlichen Methoden; in Armee, Sport und Transportwesen spielen sie eine hervorragende Rolle, gleichermaßen, wenn auch nicht so stark, in Industrie, Handel und freien Berufen.

Guru Nanak

Die Sikhs führen ihre Gemeinschaft auf Guru Nanak (geb. 1469 n.Chr.) zurück. Nanak wuchs im Dorf Talvandi, 60 km südwestlich von Lahore, auf. Bevor er sein Dorf verließ, heiratete er und hatte zwei Söhne. Ungefähr um 1500 gab er das Familienleben auf und wurde wandernder Asket. Wie ein Hindu-Heiliger trug er das safrangelbe Gewand, aber wie ein Moslem Turban und Rosenkranz.

Manche sagen vereinfachend, er habe eine Synthese der beiden großen Religionen geschaffen. Richtiger ist aber, daß er einer schon existierenden Synthese, der nordindischen Sant-Tradition, viel verdankte. Die Sant-Tradition vereinigte die persönliche Frömmigkeit des Hinduismus *(Bhakti)*, die kontemplative Erfahrung des mystischen Islam *(Sufis-*

Schlüsselbegriffe

Amrit: Der »Nektar der Unsterblichkeit«, eine Lösung von Kristallzucker und Wasser, verwendet bei der Initiation *(pahul)*.

Karah parshad: Eine besondere Speise aus gleichen Teilen Mehl, Zucker und Butter, die am Ende der Versammlungen der Sikhs gegessen wird; Symbol kastenloser Gleichheit und Brüderlichkeit.

Langar: Freie Küche.

Mela: Fest, Feier.

Seva: Gottesdienst.

---

mus) und die rituellen Praktiken des tibetischen Buddhismus *(Tantrismus)*. Nanak gab dieser Synthese in großer Schönheit und Klarheit in neuer Weise Ausdruck.

Nanaks Lehre

Am weitesten entwickelte er die Erlösungslehre. Sie war in der Sant-Tradition unvollständig und oft naiv (Erlösung hing ab von der ständigen Wiederholung eines bestimmten göttlichen Namens). Guru Nanaks neuer Lehre von der Erlösung lagen zwei grundlegende Anschauungen über das Wesen Gottes und des Menschen zugrunde.

Gott ist einzig und personal; er ist der transzendente Schöpfer, zu dem der Mensch eine möglichst enge Beziehung entwickeln muß. Guru Nanak faßte sein Verständnis Gottes in einer Reihe wichtiger Ausdrücke: Gott ist ohne Form

Die zehn Gurus

Die Sikhs nennen ihre Religion Gurmat, Lehre der Gurus. Gott, der Ur-Guru, teilte Nanak, seinem ausgewählten Jünger, und neun weiteren Gurus nach ihm seine Botschaft mit.

1 Nanak (1469—1539): Strikter Monotheist, Mystiker und Gegner der Askese.

2 Angad (1504—1552): Konsolidator, Hymnendichter und Tempelbauer.

3 Amar Bas (1479—1574): Betonte die Gleichheit al-

ler Menschen, führte die gemeinsamen Mahlzeiten ein.

4 Ram Das (1534—1581): Sozialreformer. Gründete Amritsar, den Ort des Haupttempels und der Wallfahrt.

5 Arjan (1563—1606): Der erste als Sikh geborene Guru. Erbauer des Tempels von Amritsar. Er stellte die Hymnen und die Lehre der Gurus zum *Adi Granth* zusammen.

6 Har Govind (1595—1644): Der Schöpfer eines

Heeres, um den von Moslems getöteten Vater zu rächen.

7 Har Rai (1630—1661).

8 Har Krishnan (1556—1664).

9 Tegh Bahadur (1621—1675): Tapfer und großzügig.

10 Govind Singh (1666—1708): Gründer der Khalsa; revidierte den Granth; setzte den Granth als Guru ein.

(nirankar), ewig (akal) und unaussprechlich (alakh). Stark betont wird die dritte Vorstellung, daß Gottes Wesen unfaßbar ist. Aber wie kann er dann erkannt werden? Nur, weil er ein gnädiger Gott ist, dem an der Erlösung der Menschen liegt. Deswegen offenbart er sich selbst in einer Weise, die für alle, die ihre Augen öffnen, verständlich ist. Er ist »überall gegenwärtig«, in aller Schöpfung und besonders im Herzen des Menschen.

Aber der Mensch ist willentlich blind. Er verschließt seine Augen vor der göttlichen Offenbarung in ihm und außerhalb. Der Mensch weiß, daß er Erlösung braucht, aber er sucht sie in fruchtlosen religiösen Übungen wie dem Besuch der Hin-

du-Tempel oder Gebeten in den Moscheen. Diese Äußerlichkeiten binden ihn jedoch nur noch fester an das Rad von Geburt, Tod und Wiedergeburt.

Der Weg zur göttlichen Harmonie

Guru Nanak drückte seine Erlösungslehre in einer Reihe von immer wiederkehrenden Ausdrücken aus: Name (nam), Wort (sabad), Lehrer (guru) und Harmonie (hukam). *Nam*, der göttliche Name, und *sabad*, das göttliche Wort, drücken zusammen das ganze Wesen Gottes aus. Aber der Mensch erkennt die göttliche Gegenwart nicht, deswe-

Tägliches Gebet

Am Anfang des *Adi Granth* stehen eine Reihe von Aphorismen, die Guru Nanak verfaßt hat. Sie werden *Japji* genannt. Die Japji bestehen aus 38 Versen, die — anders als der übrige *Granth* — gesprochen, nicht gesungen werden. Die meisten Sikhs beginnen ihren Tag mit dem Rezitieren der ersten Verse, die *mool mantra* heißen und ein Glaubensbekenntnis darstellen:

*Es ist nur ein Gott,
der Wahre mit Namen,
der Schöpfer, frei von
Furcht und Feindschaft,
unsterblich, ungeboren,
durch sich selbst bestehend,
groß und gnädig.
Der Wahre war im Anfang,
der Wahre war in der Vorzeit.
Der Wahre ist in der Gegenwart,
o Nanak,
der Wahre wird auch in der Zukunft
sein!*

gen braucht er einen *Guru*, einen göttlichen Lehrer. Der göttliche Lehrer ist die »Stimme« Gottes, die mystisch im Herzen des Menschen spricht. Einmal erweckt, sucht der Mensch in sich und um sich *hukam*, die göttliche Ordnung oder Harmonie. Erlösung erlangt er dadurch, daß er sich durch regelmäßige disziplinierte Meditation des göttlichen Namens in Übereinstimmung mit dieser Harmonie bringt. Schließlich wird der Meditierende so mit der göttlichen Harmonie eins, und das Rad der Wiedergeburt bleibt stehen.

Die Entwicklung der Sikhs

Vor seinem Tod benannte Guru Nanak einen Jünger als Nachfolger. Über eineinhalb Jahrhunderte lang lag die Führung der Sikhs in den Händen einander ablösender Gurus.

Eine Sikh-Hochzeit in London. Die Ehe wird als soziale wie geistliche Einheit verstanden.

57

Der zehnte Guru, Govind Singh (1666–1708) übertrug die Autorität an die Bruderschaft (Khalsa Panth) und die heilige Schrift *(Guru Granth)*. Heute spielt die heilige Schrift die wichtigste Rolle.

In der Zeit der zehn Gurus entwickelte sich die Gemeinschaft der Sikhs weiter und wurde geprägt von der kulturellen, politischen und militärischen Geschichte des Punjab. Die Sikhs kämpften angesichts islamischer Moghul-Kaiser in Indien um ihr Überleben. Sie wurden in die kriegerische Jat-Kaste eingegliedert. Später wurden sie der Sakti (Macht)-Kultur der Shivalik-Berge ausgesetzt. Bart, Turban und Kriegstüchtigkeit, heute allgemeine Attribute der Sikh, sind Frucht dieser Entwicklung. Einen Höhepunkt der Geschichte der Sikhs bildete die Errichtung der Khalsa-Bruderschaft, vermutlich durch Guru Govind

Unendlich ist Sein Ruhm, unendlich, was es von Ihm zu berichten gäbe,
Unendlich, was zu hören und zu sehen wäre;
wir wissen nicht, was Er im Sinne hat,
denn es ist unendlich;
Unendlich die Gestaltungen, die Er erschaffen hat,
wir können sie nicht kennen;
unendlich ist ihr Ausmaß, wir kennen's nicht.
Noch so viele mögen sich bis zur Erschöpfung quälen,
um an Seine Grenzen zu gelangen, sie schaffen's nicht;
Seine Grenzen kennt nicht einer, und je mehr man Ihn beschreibt,
um so größer wird Er.
Groß ist der Herr, hoch Seine Stätte,
über alle Höhe hocherhaben ist Sein Name;
Nur einer, der genauso hocherhaben ist wie Er,
kann diesen Hocherhabenen kennen.
Wie groß Er ist, das weiß nur Er allein;
Nanak, wir empfangen alle Gaben aus der Gnade Gottes,
der voll Erbarmen auf uns blickt.

aus dem Guru Granth

Ein starkes Selbstbewußtsein und Gemeinschaftsgefühl ist für Sikhs überall auf der Welt charakteristisch. Das Bild zeigt einen Teil der Einweihungszeremonie für einen Sikh-Tempel in Kenia.

Feste

Baisakhi: Neujahrs- und Frühjahrserntefest hinduistischer Herkunft. Zum Baisakhi findet in Amritsar ein großer Tiermarkt statt.

Divali: Das Hindu-Neujahr, von den Sikhs mit Versammlungen im *gurdwara* gefeiert.

Hola Mohalla: Guru Govind Singh gab dem hinduistischen Holifest ein kriegerisches Gepräge; heute finden am Hola Mohalla Jahrmärkte und ausgelassene Umzüge statt.

Riten

Namensgebung: Sobald die Mutter sich von der Geburt erholt hat, besucht die Familie den Tempel, um Gott zu danken und dem Kind einen Namen zu geben.

Hochzeit: Sie ist nicht nur ein sozialer Vertrag, sondern eine geistliche Vereinigung. Sie ist ein religiöses Ereignis und ein Familienfest.

Bestattung: Am Tag nach dem Tod wird der Leichnam verbrannt. Zur Bestattung werden Texte aus dem Granth gelesen.

Initiation: Mit der Pubertät werden die jungen Sikhs in die Khalsa (Bruderschaft) aufgenommen. Die Jungen fügen ihrem Nachnamen *Singh* an, die Mädchen *Kaur.*

Singh im Jahre 1699. Wer zur Khalsa gehören will, unterzieht sich einer Aufnahmezeremonie und akzeptiert bestimmte Verhaltensnormen einschließlich der 5K und bestimmter Verbote.

Eine kleine Sikh-Sekte – die *sahaj-dhari* – akzeptiert nicht den gesamten Verhaltenskodex und behauptet, der Lehre der Gurus in ursprünglicher Reinheit zu folgen. Wenn heute Sikhs die äußeren Zeichen ihrer Religion ablegen, werden sie oft von orthodoxen Sikhs als Abgefallene bezeichnet.

Der Sikhismus unterscheidet sich von den Kulturen seiner Umgebung. Er bemüht sich um Überwindung der Kastenunterschiede und betont die Gleichheit der Frau. Guru Nanak soll gesagt haben: »Wie kann die, die Könige gebiert, minderwertig sein?«

8

PARSISMUS

Der Parsismus erscheint heute als eine seltsame Mischung unterschiedlicher Elemente. Aber über die Jahrhunderte war der Einfluß seines Gründers Zarathustra enorm.

Die Parsen verehren das Feuer als Symbol für Ahura Mazda. Hier ein Feuer, das in einem Feuertempel unterhalten wird.

Am äußersten Ende der Westiranischen Wüste, in und um Bombay in Indien, in Ostafrika und in vielen Weltstädten leben Gruppen einer kleinen Religionsgemeinschaft von gerade 120000 Anhängern. Diese Menschen nennen sich Parsen (»Perser«) und sind Nachfolger des großen persischen Propheten Zarathustra. Vor den Verfolgungen durch die Moslems flüchteten die meisten Parsen ins tolerante Indien.

Zarathustra

Zarathustra (Zoroaster) hat vermutlich während des 6. Jh.s v.Chr. in einer Zeit des religiösen Aufbruchs gelebt. Die moderne Forschung datiert ihn aber häufig viel früher auf 1500–1000 v.Chr.

Zarathustra lehrte die Gerechtigkeit und die Anbetung Ahura Mazdas, des »Weisen Herrn«. Daneben glaubte er an verschiedene andere gute und böse Geister, beson-

Schriften

Das *Avesta*, die Sammlung der parsischen heiligen Schriften, ist sehr vielfältig und entstand über viele Jahrhunderte hin.

Yasna: Meist von Priestern während der Riten rezitierte Texte. Sie enthalten die 17 *Gathas*, die von Zarathustra stammen sollen und der älteste Teil des *Avesta* zu sein scheinen.

Vendidad: Liturgische Texte für Reinigungsriten und die Bestrafung von Übeltätern.

Yashts: Loblieder auf Gottheiten und Gebete für Laien.

ders an Angra Mainyu (Ahriman), den bösen Geist. Ihm scheint er einen ähnlichen Status zuzuschreiben wie dem »Weisen Herrn«. Beide sind ewig. Deswegen wird der Parsismus oft als Dualismus gesehen, gekennzeichnet durch den Glauben an zwei gleich starke Kräfte des Guten und des Bösen. Da Zarathustra die

Die Parsen legen ihre Toten in abgelegene Gebäude, die »Türme der Stille« genannt werden.

Feste

Ghambar: Sechs Jahreszeitenfeste, u.a. Neujahr, gefeiert mit Gottesdienst und Feier.

Farvardega: Tage zum Gedenken an die Toten. Man bringt Sandelholz in die Tempel und Blumen zu den Türmen des Schweigens.

Jashan: Gedächtnisfest, z.B. für Zarathustra.

Materie nicht für an sich böse hielt, lehrte er aber, daß am Ende Gott über das Böse siegen würde. Folglich beansprucht der Parsismus, eine monotheistische Religion zu sein.

Ahura Mazda schuf die Welt, damit sie ihm im Kampf gegen Angra Mainyu helfe. Die Menschen sind aufgerufen, am Triumph Ahura Mazdas über das Böse mitzuwirken. Die Parsen suchen das »gute Leben« – »gute Gedanken, gute Worte und gute Taten«.

Das gute Leben

Gute Taten werden belohnt und böse Taten bestraft. Ungerechtigkeit und Ungleichheit in dieser Welt werden im Jenseits korrigiert. Die Parsen glauben fest an ein Leben nach dem Tod, an das Kommen eines Erlösers, an das Gericht, an die leibliche Auferstehung und an die Erlösung der ganzen Menschheit zum ewigen Preise Gottes.

Weil die Parsen nach dem »guten Leben« streben, ist der Parsismus eine hochmoralische Religion. Die Parsen sind bekannt für Intelligenz, Integrität, Fleiß, Wohltätigkeit. Sie leisten bedeutende Beiträge zu Handel, Industrie, Schul- und Sozialwesen. Vermutlich beeinflußte Zoroasters Lehre, hauptsächlich in bezug auf das Leben nach dem Tode, das Judentum (besonders während des babylonischen Exils) und dadurch indirekt Christentum und Islam. Deswegen ist der Parsismus von bleibender Wichtigkeit für die Gegenwart.

Riten und Traditionen

Aber der Parsismus verdankt auch viel der altpersischen Volksreligion. Und während heute parsische Reformer den Monotheismus und die Ethik betonen, legen orthodoxe Parsen großen Wert auf Reinigungsriten, Gottesdienste und Opfer. Sie beten fünfmal täglich und führen zu allen wichtigen Lebensstufen wie Geburt, Pubertät, Heirat, Schwangerschaft und Tod Riten durch. Sie tragen immer den heiligen Gürtel, der sie an die heiligen Schriften erinnert, und ein Hemd als Symbol ihrer Religion. Gürtel und Hemd erhalten die Parsen bei der Initiation. Die Priester tragen auch noch weiße Gewänder und Turbane.

Die Parsen versuchen nicht, andere für ihren Glauben zu gewinnen. Sie sind überzeugt, daß jeder der Religion folgen soll, in die er geboren wird.

PARSISMUS

63

9

JUDENTUM

Das Judentum ist die Religion einer Nation –
des auserwählten Volkes Gottes. Aber
während der längsten Zeit ihrer Geschichte
waren die Juden ein Volk ohne Land.

*Die Klagemauer, der einzige Rest des von den
Römern 70 n.Chr. zerstörten Tempels, ist für die
Juden eine Wallfahrtsstätte.*

Es gibt etwa 13 Millionen Juden auf der Welt. Davon leben etwa 6 Millionen in den USA, 4,2 Millionen in Israel, 40.000 in Deutschland und knapp 4 Millionen in Osteuropa und andern Teilen der Welt. Im Holocaust wurden vom Hitler-Regime 6 Millionen Juden in Vernichtungslagern getötet.

Nach dem Zweiten Weltkrieg wurde der Staat Israel gegründet (1948), um den Juden eine dauernde staatliche Heimat zu schaffen. Die kurze Geschichte des Staates Israel ist die Geschichte großer wirtschaftlicher Leistungen und schmerzvoller Kämpfe um Anerkennung, Identität und Überleben.

Die frühe jüdische Geschichte finden wir in der hebräischen Bibel, besonders im *Pentateuch*, den fünf Büchern Mose, von den Juden im allgemeinen *Tora* (Gesetz) genannt.

Die Patriarchen Abraham, Isaak und Jakob werden als die Väter des jüdischen Volkes verehrt. In ihren täglichen Gebeten bezeichnen sich die Juden als Kinder Abrahams, des Freundes Gottes. Israel, ihre Nation, nennt sich nach dem Namen, den Gott Jakob gab.

Um 1800 v.Chr. zog Abraham von Mesopotamien nach Kanaan, dem »verheißenen Land«, das später Palästina genannt wurde und auf dessen Boden sich der heutige Staat Israel befindet. Während einer Hungersnot suchten die Söhne Jakobs Zuflucht in Ägypten, wo die Israeliten später zu Sklaven wurden.

Um 1250 v.Chr. führte Mose die Israeliten aus Ägypten heraus *(exodus)*. Unterwegs schloß der Gott der »Erzväter«, der sich inzwischen mit

seinem Namen »Jahwe« offenbart hatte, auf dem Gipfel des Sinai einen Bund mit Israel. Das Herzstück bildeten die Zehn Gebote, von Mose auf Steintafeln geschrieben und durch Opfer besiegelt. Der Gott Israels offenbarte sich als der Gott der Geschichte: Er war nicht einfach eine Stammesgottheit oder ein Naturgeist, sondern der Schöpfer, der die Welt regiert. Seit dieser Zeit sind Israels nationale Identität und seine Religion unlösbar miteinander verbunden.

Mose selbst kam nicht ins verheißene Land. Sein Nachfolger Josua und dann die Richter (von Gott berufene charismatische Führer)

Sehnsucht nach Jerusalem (Zion)

An den Wassern zu Babel saßen wir und weinten,
wenn wir an Zion gedachten.
Unsere Harfen hängten wir
an die Weiden dort im Lande.
Denn die uns gefangen hielten,
hießen uns dort singen
und in unserm Heulen fröhlich sein:
»Singet uns ein Lied von Zion!«
Wie könnten wir des Herrn Lied singen
in fremdem Lande?
Vergesse ich dich, Jerusalem,
so verdorre meine Rechte.
Meine Zunge soll an meinem Gaumen kleben,
wenn ich deiner nicht gedenke,
wenn ich nicht lasse Jerusalem
meine höchste Freude sein.

Psalm 137,1—6

Die Zehn Gebote,
die Gott Mose auf dem Berg Sinai gab

Und Gott redete alle diese Worte:

Ich bin der Herr, dein Gott, der ich dich aus Ägyptenland, aus der Knechtschaft, geführt habe.

Du sollst keine anderen Götter haben neben mir.

Du sollst dir kein Bildnis noch irgendein Gleichnis machen, weder von dem, was oben im Himmel, noch von dem, was unten auf Erden, noch von dem, was im Wasser unter der Erde ist:

Bete sie nicht an und diene ihnen nicht! Denn ich, der Herr, dein Gott, bin ein eifernder Gott, der die Missetat der Väter heimsucht bis ins dritte und vierte Glied an den Kindern derer, die mich hassen,

aber Barmherzigkeit erweist an vielen Tausenden, die mich lieben und meine Gebote halten.

Du sollst den Namen des Herrn, deines Gottes, nicht mißbrauchen; denn der Herr wird den nicht ungestraft lassen, der seinen Namen mißbraucht.

Gedenke des Sabbattages, daß du ihn heiligest.

Sechs Tage sollst du arbeiten und alle deine Werke tun.

Aber am siebenten Tage ist der Sabbat des Herrn, deines Gottes. Da sollst du keine Arbeit tun, auch nicht dein Sohn, deine Tochter, dein Knecht, deine Magd, dein Vieh, auch nicht dein Fremdling, der in deiner Stadt lebt.

Denn in sechs Tagen hat der Herr Himmel und Erde gemacht und das Meer und alles, was darinnen ist, und ruhte am siebenten Tage. Darum segnete der Herr den Sabbattag und heiligte ihn.

Du sollst deinen Vater und deine Mutter ehren, auf daß du lange lebest in dem Lande, das dir der Herr, dein Gott, geben wird.

Du sollst nicht töten.

Du sollst nicht ehebrechen.

Du sollst nicht stehlen.

Du sollst nicht falsch Zeugnis reden wider deinen Nächsten.

Du sollst nicht begehren deines Nächsten Haus.

Du sollst nicht begehren deines Nächsten Weib, Knecht, Magd, Rind, Esel noch alles, was dein Nächster hat.

Und alles Volk wurde Zeuge von dem Donner und Blitz und dem Ton der Posaune und dem Rauchen des Berges. Als sie aber solches sahen, flohen sie und blieben in der Ferne stehen und sprachen zu Mose: Rede du mit uns, wir wollen hören; aber laß Gott nicht mit uns reden, wir könnten sonst sterben.

Mose aber sprach zum Volk: Fürchtet euch nicht, denn Gott ist gekommen, euch zu versuchen, damit ihr's vor Augen habt, wie er zu fürchten sei, und ihr nicht sündigt. So stand das Volk von ferne, aber Mose nahte sich dem Dunkel, darinnen Gott war.

2. Mose 20,1—21

brachten Israel ins Land Kanaan und siedelten es dort an. Auf die Richter folgten Könige. Die drei ersten, Saul, David und Salomo, regierten ganz Israel, ihre Nachfolger dann jeweils nur das Nordreich (Israel) oder das Südreich (Juda).

Palästina, an der Grenze zwischen Ost und West, kam nacheinander unter die Herrschaft der Babylonier, Perser, Griechen und Römer. Immer wieder wurden die Juden ins Exil verschleppt, zuletzt im 6. Jh. v.Chr. nach Babylon; und seit dem 2. Jh. n.Chr. sind sie in alle Welt zerstreut. Aber die Juden wußten, daß sie Gottes auserwähltes Volk waren, und gaben ihre Identität nicht auf, wohin sie auch zogen und was sie auch zu erleiden hatten.

Gott und sein Gesetz

Die Bibel will die Existenz Gottes nicht beweisen – sie setzt sie voraus. Gott ist einzig und ewig, er ist Schöpfer und Herr des Alls. Er ist allmächtig und allliebend. Er schuf die Welt und die Menschen in ihr, um seine Herrlichkeit zu zeigen.

Gott macht sich selbst und seinen Willen dem Menschen durch Offenbarung bekannt. Der Mensch antwortet in Gebet und Hören auf Gottes Wort. Gott gab dem Menschen die Tora, das Gesetz. Die Einhaltung des Gesetzes fördert die Errichtung der Königsherrschaft Gottes auf Erden. Ein Messias (»der Gesalbte«), ein Nachkomme Davids, des größten israelitischen Königs, wird den Anbruch dieses Reiches

ankündigen. Weil Gott den Juden das Gesetz anvertraut hat, spielen sie im Heilsplan eine besondere Rolle.

Im Zentrum des Judentums steht das Gesetz. Es besteht aus 613 Vorschriften *(mizwot)* – 248 Geboten und 365 Verboten. Diese Vorschriften sind Ausdruck des Willens Gottes und für den gläubigen Juden bindend. Die Juden sind Gott und Menschen gegenüber zu einem Leben nach dem Willen Gottes verpflichtet. Durch ihr Leben bezeugen sie der Welt Gott und seinen Willen. Zu diesem Zweck sind sie beru-

Mit 13 Jahren wird der jüdische Junge ein Bar-Mizwa, ein Sohn der Pflicht. Im Synagogengottesdienst wird er zum Lesepult gerufen, um aus dem Gesetz vorzulesen. Von dem Augenblick an gilt er als Erwachsener mit allen religiösen und sozialen Rechten und Pflichten. Mädchen haben ihr eigenes Fest. Bei dieser Bar-Mizwa-Zeremonie trägt ein Junge die Tora.

Gebet

Ein frommer Jude betet dreimal am Tag: morgens, nachmittags und abends, zu Hause oder in der Synagoge. Beim Gebet bedeckt er den Kopf mit einem gewöhnlichen Hut oder einem Käppchen (*Jarmelka* oder *Kippa*). Am Morgen trägt er einen Gebetsschal (Tallit) mit Quasten an den vier Enden, wie es das Gesetz der Tora fordert. An Wochentagen legt er vielleicht auch Gebetsriemen (*Tefillin*) an. Das sind kleine, schwarze Lederbehälter, die die vier Bibeltexte enthalten: 2. Mose 13,1 — 10 und 11 — 16; 5. Mose 6,4 — 9 und 11,13 — 21. Sie werden an der Stirn oder am linken Oberarm festgebunden.

fen, dazu sind sie Gottes auserwähltes Volk.

Gott und seine Welt

Nach jüdischer Anschauung sind alle Menschen in Gottes Bild geschaffen und deshalb gleichwertig. Jeder Mensch hat eine großartige Würde. Deshalb gebietet das Gesetz Achtung vor allen. Besonderen Schutz läßt es den Unterprivilegierten angedeihen – Kranken, Witwen, Waisen, Fremden, Notleidenden, Gefangenen, Armen. Unterstrichen wird diese Forderung durch den Rückblick auf Israels Geschichte. So soll Israel z.B. freundlich gegen Fremde sein, weil es selbst Fremdling in Ägypten war.

Eine jüdische Familie beim Seder, der Passafeier zu Hause. Auf dem mit Kerzen erleuchteten Tisch erinnern ungesäuertes Brot, Hammelfleisch vom Unterschenkel, Bitterkräuter und eine Pastete aus Äpfeln, Mandeln, Zimt, Gewürzen, Rosinen und Salzwasser an Israels Sklaverei in Ägypten. Dann wird die Geschichte von der Befreiung wiederholt, Psalmen werden gesungen, und man ißt gemeinsam.

Nach jüdischer Sicht ist der Mensch frei geschaffen, kann zwischen gut und böse wählen und ist ohne »Erbsünde«. Die Welt, die Gott für den Menschen schuf, ist eine gute Welt.

Der Mensch darf ihren Reichtum genießen und ihre Möglichkeiten nutzen zum Wohle der Menschheit und im Dienste Gottes. Ganz anders als die indischen Religionen ist das Judentum weltbejahend. Obwohl die Juden an die Auferstehung der Toten glauben, messen sie doch dem Leben hier in dieser Welt ebensoviel Bedeutung zu wie der Vorbereitung auf das Jenseits.

Die Familie

Mehr noch als die Synagoge ist die Familie das Zentrum der jüdischen Religion. Die Juden messen Familie und Verwandtschaft großen Wert zu. Deswegen sind viele jüdische Feste Familienfeste. Das wichtigste ist der allwöchentliche Sabbat.

Der Sabbat ist der Tag der Arbeitsruhe. Für die Juden beginnt und endet der Tag bei Sonnenuntergang, der Sabbat beginnt also am Freitagabend.

Vor Sonnenuntergang zündet die Frau des Hauses die Sabbatlichter an. Dabei bittet sie für ihre Arbeit und ihre Familie um Gottes Segen. Die männlichen Familienmitglieder sind dabei, oder sie sind in der Synagoge. Auf dem Sabbattisch wird eine frische Tischdecke ausgebreitet. Darauf werden zwei Brote gelegt und ein Kelch mit Wein gestellt. Vor dem Abendessen rezitiert der Familienvater das »Lob der tugendhaften Frau« und Bibelverse über Schöpfung und Sabbatruhe. Dann nimmt er den Wein und segnet ihn im Namen Gottes. Er segnet auch das Brot, nimmt selbst Wein und Brot und reicht sie den anderen Familienmitgliedern.

Juden aus »Ost« und »West«

Die Mehrheit der heutigen Juden in aller Welt stammt entweder von den Aschkenasim oder den Sephardim ab. Die Aschkenasim stammen aus Mitteleuropa, besonders Deutschland (Aschkenas heißt Deutschland) und Frankreich, und zogen später nach Polen und Rußland. Sie entwickelten das Jiddische (ein mittelalterliches Deutsch) als ihre Sprache, und es entfaltete sich eine reiche Kultur in Kunst, Literatur und Musik.

Die sephardischen (= spanischen) Juden entwickelten als ihre Sprache das Ladino, ein volkstümliches Spanisch. Vor der Vertreibung durch die Inquisition im Jahre 1492 hatten die Sepharden enge Kontakte zur muslimischen Welt. Daraus entwickelten sie eine einzigartige Kultur. Der große kulturelle Unterschied zwischen sephardischen und aschkenasischen Juden wird besonders im heutigen Israel deutlich, wo jede Gruppe einen eigenen Hauptrabbi hat.

Jüdische Richtungen

Orthodoxes Judentum:
Streng traditionell, befolgt das Gesetz nach der Auslegung der Rabbiner.

Liberales Judentum:
Entstand in Europa als Folge der Aufklärung. Akzeptierte die Bibelkritik, betonte die ethische und universelle Seite des Judentums gegenüber den rituellen und partikularistischen Zügen.

Reformjudentum: Setzt die liberalen Tendenzen fort. Es bejaht die historisch-kritische Forschung und legt auf Befolgung der Riten wenig Wert. Auch die »partikularistischen« oder »nationalistischen« Elemente haben nicht so eine große Bedeutung: die Hoffnung

auf die Rückkehr nach Zion, die Wiederaufnahme der Opfer und die Erwartung eines personalen Messias.

Die **konservative Richtung** entstand im 19. Jh., besonders in den USA. Sie steuert einen mittleren Kurs, setzt sich für Änderung der Riten ein, akzeptiert aber die rabbinische Überlieferung.

Das **mystische Judentum** wird durch zwei Bewegungen repräsentiert:
Die *Kabbala* entstand im 13. Jh. in Spanien und lehrt das Erreichen der Einheit mit Gott durch Meditation und Betrachtung.
Die *Chassidim* entstanden im 18. Jh. in Osteu-

ropa und lehren das Erreichen der Einheit mit Gott durch enthusiastisches Gebet.

Der **Zionismus** ist eine politische Bewegung mit religiösen Anklängen und hat Anhänger in allen jüdischen Richtungen. Er entstand in den Verfolgungen des 19. Jh.s in Osteuropa, betonte das jüdische Volkstum und den Gedanken eines jüdischen Staates. Den Höhepunkt bildete die Rückkehr der Juden nach Israel.

Die Synagoge

Synagoge heißt »Versammlung«. Sie ist für die Juden Zentrum des Gottesdienstes und des sozialen Lebens. Freitag abends und Samstag morgens trifft sich die jüdische Gemeinde in der Synagoge zum Gottesdienst.

Das Gebäude kann quadratisch oder rechteckig sein. An der Seite, die nach Jerusalem hin liegt, steht der Schrein mit den Gesetzesrollen. Die Bänke sind so aufgestellt, daß

alle den Tora-Schrein sehen. Vor dem Schrein steht das Vorbeterpult, von dem aus auch das Gesetz verlesen wird. Während des Gottesdienstes tragen die Männer meist Hüte oder Käppchen und weiße Schals. Frauen tragen Hüte, aber keine Schals. In orthodoxen Synagogen sitzen Männer und Frauen getrennt.

Während des Gottesdienstes stehen alle auf und sprechen das Sch'ma Jisrael:»Höre Israel, der Herr, unser Gott, ist ein einziger Gott! Und du sollst den Herrn,

Grundlehren

Der mittelalterliche jüdische Philosoph Moses Maimonides (1135—1204) formulierte 13 Glaubensartikel, die allgemein als eine zutreffende Beschreibung der wesentlichen Elemente des jüdischen Glaubens angesehen werden:

- Die Existenz des Schöpfers.
- Seine Einheit.
- Seine Körperlosigkeit (Gott ist Geist).
- Seine Ewigkeit.
- Die Pflicht, ihm allein zu dienen und ihn allein anzubeten.
- Die Existenz der Prophetie.
- Die Überlegenheit Moses über alle Propheten.
- Die Offenbarung des Gesetzes an Mose auf dem Sinai.
- Das unveränderliche Wesen des Gesetzes.
- Die Allwissenheit Gottes.
- Vergeltung für Gut und Böse in dieser Welt und im Jenseits.
- Das Kommen des Messias.
- Die Auferstehung der Toten.

Wo mindestens zehn jüdische Männer leben, können sie eine Synagoge gründen. Gottesdienst, Lehre und soziale Funktionen der Synaoge halten die jüdische Gemeinde zusammen.

Geistlicher der Synagoge ist der Rabbi. Neben ihm wirken die Vorbeter und Kantoren und die Priester (cohen, Nachkommen der Tempelpriester).

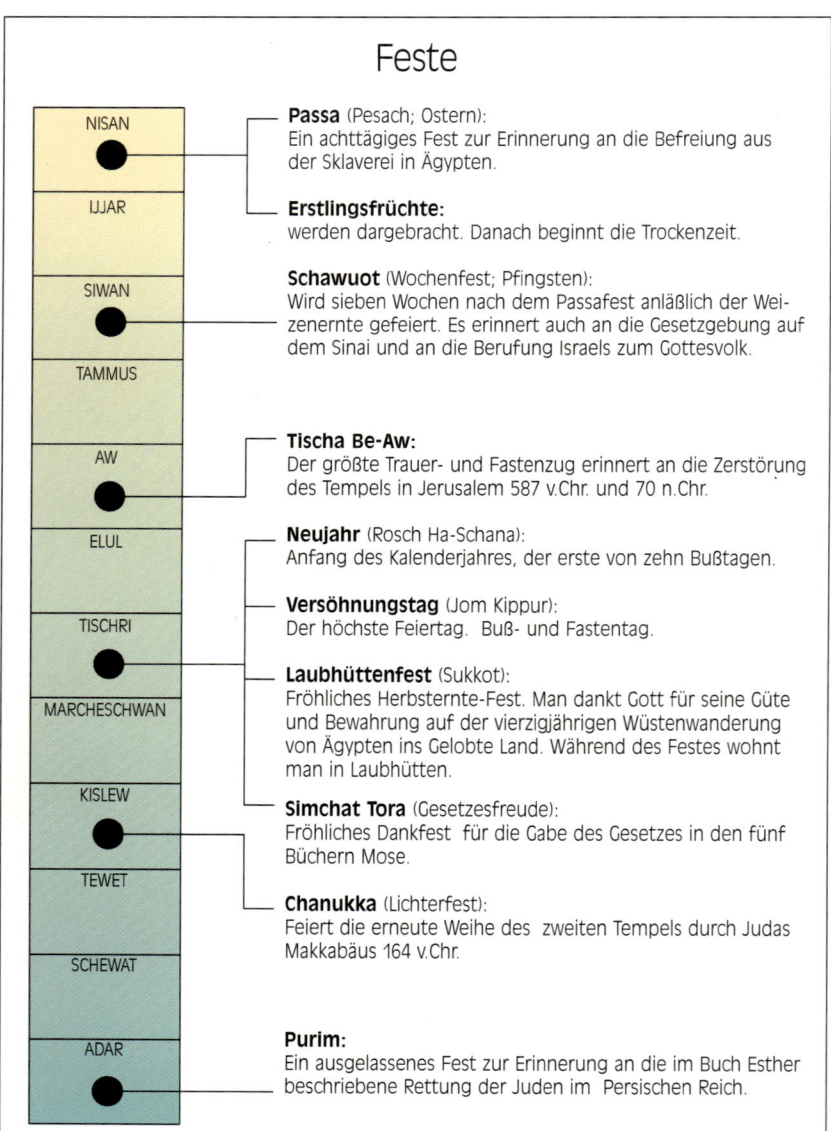

deinen Gott, lieben von ganzem Herzen, von ganzer Seele, von allem Vermögen!« Auf dem Höhepunkt des Gottesdienstes wird der Tora-Schrein geöffnet, die Rolle des Gesetzes wird herausgenommen und durch die Synagoge getragen. Alle verbeugen sich vor der Tora, wenn sie vorbeikommt. Dann wird das Gesetz verlesen: Das Recht dazu steht zuerst den Priestern und den Mitgliedern der Priestergeschlechter

Feste

NISAN

IJJAR

SIWAN

TAMMUS

AW

ELUL

TISCHRI

MARCHESCHWAN

KISLEW

TEWET

SCHEWAT

ADAR

Passa (Pesach; Ostern):
Ein achttägiges Fest zur Erinnerung an die Befreiung aus der Sklaverei in Ägypten.

Erstlingsfrüchte:
werden dargebracht. Danach beginnt die Trockenzeit.

Schawuot (Wochenfest; Pfingsten):
Wird sieben Wochen nach dem Passafest anläßlich der Weizenernte gefeiert. Es erinnert auch an die Gesetzgebung auf dem Sinai und an die Berufung Israels zum Gottesvolk.

Tischa Be-Aw:
Der größte Trauer- und Fastenzug erinnert an die Zerstörung des Tempels in Jerusalem 587 v.Chr. und 70 n.Chr.

Neujahr (Rosch Ha-Schana):
Anfang des Kalenderjahres, der erste von zehn Bußtagen.

Versöhnungstag (Jom Kippur):
Der höchste Feiertag. Buß- und Fastentag.

Laubhüttenfest (Sukkot):
Fröhliches Herbsternte-Fest. Man dankt Gott für seine Güte und Bewahrung auf der vierzigjährigen Wüstenwanderung von Ägypten ins Gelobte Land. Während des Festes wohnt man in Laubhütten.

Simchat Tora (Gesetzesfreude):
Fröhliches Dankfest für die Gabe des Gesetzes in den fünf Büchern Mose.

Chanukka (Lichterfest):
Feiert die erneute Weihe des zweiten Tempels durch Judas Makkabäus 164 v.Chr.

Purim:
Ein ausgelassenes Fest zur Erinnerung an die im Buch Esther beschriebene Rettung der Juden im Persischen Reich.

Jüdische heilige Schriften

Tenach (Bibel): Eine Sammlung von Büchern, über einen Zeitraum von 1000 Jahren geschrieben. Erhielt um 100 n.Chr. den Status einer heiligen Schrift. Den ersten Teil bildet die Tora (Gesetz) 1. bis 5. Mose (Genesis bis Deuteronomium), die weiteren die Propheten und die Schriften.

Mischna (Wiederholung): Geschrieben ab dem 2. Jh., enthält ethische und rituelle Vorschriften, basierend auf der Bibel.

Talmud (Lehre): Zwei Fassungen: Der palästinensische und der babylonische Talmud. Basiert auf der Mischna.

(Leviten) zu, aber dann darf auch jeder (männliche) Laie aufstehen und aus dem Gesetz vorlesen.

Religiöse Bräuche und Regeln

Darüber hinaus betet jeder fromme Jude dreimal täglich und befolgt strenge Speisegesetze. Alles Essen muß »koscher« sein, d.h. rituell rein. Alle jüdischen Jungen werden als Zeichen des Bundes Gottes mit Abraham am 8. Tag nach der Geburt beschnitten. Früher fand die Beschneidung im Haus oder in der Synagoge statt, heute meist im Beisein eines Rabbis im Krankenhaus.

CHRISTENTUM

Die Botschaft des Christentums meint beides: das Leben des einzelnen und das der Gesellschaft.

Das Kreuz ist das universale Symbol der Christenheit.

Die Christen werden nach Jesus Christus genannt. Er wurde zwischen 6 und 4 v.Chr. in Bethlehem in Judäa geboren, als Sohn eines frommen jüdischen Paares, Maria und Joseph, beide Nachkommen Davids. Jesus wuchs in Nazareth in Galiläa auf, ungefähr dreißigjährig wurde er im Jordan von einem Propheten namens Johannes der Täufer getauft. Johannes predigte und taufte die, die ihre Sünden bereuten, und er kündigte an, daß ein Größerer als er kommen würde.

Nach seiner Taufe sammelte Jesus zwölf Jünger um sich, zog durch das Land, predigte, lehrte und heilte. Er kündigte das Kommen der Gottesherrschaft an, predigte die Notwendigkeit der Umkehr und des Glaubens an die frohe Botschaft von Gottes Reich. Als nach Monaten gemeinsamen Wanderns Jesus seine Jünger fragte, wer er sei, antwortete Petrus, daß er der Christus sei, der Gesalbte, der von den Juden erwartete Messias.

Im Alter von etwa 33 Jahren (vermutlich 29/30 n.Chr.) wurde Jesus festgenommen und von der römischen Besatzungsmacht auf Verlangen der weltlichen und religiösen jüdischen Führer zum Tode verurteilt. Er starb durch Kreuzigung, eine übliche, äußerst schmerzhafte Form der Hinrichtung. Aber am dritten Tag stand er von den Toten auf, erschien während der nächsten 40 Tage einigen Jüngerinnen und seinen Jüngern und kehrte dann zu seinem Vater im Himmel zurück.

Deshalb glauben Christen an einen lebendigen Christus, nicht an einen toten Helden. Das Kreuz ist Symbol des leidenden Erlösers und des auferstandenen Herrn. Der Freitag und der Sonntag, an denen er starb bzw. auferstand, wurden »heilige« Tage.

Wer war Jesus?

Die Christen glauben, daß Jesus Christus sowohl »Gottes Sohn« als auch »Menschensohn« ist – ganz Mensch und ganz Gott und ohne Sünde. In Jesus Christus kam der eine Gott, der Schöpfer des Himmels und der Erde, zu den Menschen, um sie wieder in Verbindung mit Gott zu bringen. Das ist mit Inkarnation gemeint. Deswegen wurde Jesus von einer Jungfrau geboren, empfangen vom Heiligen Geist. Jesus nahm die Begrenztheit der menschlichen Natur auf sich. Er lud sich die Sünden der Menschen auf und versöhnte Gott und die Menschheit. Diese *Versöhnung* bezahlte er mit seinem Leben. Er blieb aber nicht im Tode, sondern wurde von den Toten auferweckt. Das ist die Auferstehung.

Wer an Jesus glaubt, ist nicht nur erlöst von der Sünde, er wird auch auferstehen, wenn Jesus wiederkommt. In Leben und Dienst in der Welt werden die Christen durch den Geist Gottes geführt und gestärkt.

Die Geburt der Kirche

Als Jesus zu seinem Vater im Himmel zurückgekehrt war, versammelten sich seine Jünger in Jerusalem, um das Kommen des von Jesus versprochenen Geistes Gottes zu erwarten. Dies geschah zehn Tage später, und Petrus, der Führer der Apostel, erfüllt mit neuer Kraft und neuem Mut, predigte einer großen Menge. Er verkündete, daß der gekreuzigte und auferstandene Jesus der verheißene Messias sei. Er rief sie auf, sich von ihren Sünden abzuwenden und sich auf den Namen Jesu taufen zu lassen. 3000 Menschen nahmen die Botschaft an und wurden getauft.

Von Jerusalem breitete sich die Gemeinde sofort aus. Am Ende des 1. Jh.s war sie in Kleinasien, Mazedonien, Griechenland und Rom stark vertreten. Bei dieser Ausbreitung spielte Paulus, der erste große christliche Missionar, die Hauptrolle. Er machte die gute Nachricht von Jesus – das Evangelium – überall bekannt. Er profitierte davon, daß der »römische Friede«, die Pax Romana, Recht und Ordnung garantierte und die Länder des Mittelmeerraumes verband, daß Griechisch überall verstanden wurde und daß die jüdische Religion gewisse Vorrechte genoß.

Die Gemeinden, die er gründete, gaben die Botschaft weiter, so daß sich die Christen bis zum Ende des 2. Jh.s vom Nahen Osten bis nach Spanien, Ägypten und Frankreich ausgebreitet hatten.

Die Christen gehen durch das Wasser der Taufe (durch Besprengung oder durch Untertauchen) als Symbol für das Sterben und Auferstehen mit Jesus Christus und als Zeichen der Geburt zu einem neuen Leben. Die frühen Christen bekannten bei der Taufe ihren Glauben vermutlich mit dem Ausruf: »Jesus ist Herr!« Heute verwenden die Christen des Westens dabei meist das »Apostolische Glaubensbekenntnis«.

Die weltweite Kirche

Aber der Erfolg hatte seinen Preis. Häufig gab es Verfolgungen, die meist auch noch zu inneren Auseinandersetzungen führten, die die Kirche spalteten und schwächten. Dann erließ jedoch Kaiser Konstantin 313 das Edikt von Mailand. Die Verfolgungen hörten auf, das Christentum war offiziell geduldet und wurde bald Staatsreligion. Einerseits hatte das Bündnis mit dem Staat sehr negative Folgen. Bisher waren die Christen eine verfolgte Minderheit gewesen. Jetzt war es politisch, sozial und wirtschaftlich opportun, Christ zu sein.

Hauptlehren

Die christlichen Bekenntnisse fassen das Wesentliche des christlichen Glaubens zusammen, und zwar in drei Abschnitten über Gott, den Vater, Jesus Christus und den Heiligen Geist. Das bekannte Apostolikum wird nur in den Kirchen des Westens gebraucht, das hier abgedruckte Nicänische Bekenntnis wird in der gesamten Kirche verwendet.

Wir glauben an den einen Gott, den Vater, den Allmächtigen,
der alles geschaffen hat, Himmel und Erde,
die sichtbare und unsichtbare Welt.
Und an den einen Herrn Jesus Christus,
Gottes eingeborenen Sohn,
aus dem Vater geboren vor aller Zeit:
Gott von Gott, Licht vom Licht, wahrer Gott vom wahren Gott,
gezeugt, nicht geschaffen, eines Wesens mit dem Vater;
durch ihn ist alles geschaffen.
Für uns Menschen und zu unserm Heil ist er vom Himmel gekommen,
hat Fleisch angenommen durch den Heiligen Geist von der Jungfrau Maria
und ist Mensch geworden.
Er wurde für uns gekreuzigt unter Pontius Pilatus,

hat gelitten und ist begraben worden,
ist am dritten Tage auferstanden nach der Schrift und aufgefahren in den Himmel.
Er sitzt zur Rechten des Vaters und wird wiederkommen in Herrlichkeit,
zu richten die Lebenden und die Toten;
seiner Herrschaft wird kein Ende sein.
Wir glauben an den Heiligen Geist, der Herr ist und lebendig macht,
der aus dem Vater und dem Sohn hervorgeht,
der mit dem Vater und dem Sohn angebetet und verherrlicht wird,
der gesprochen hat durch die Propheten,
und die eine, heilige christliche und apostolische Kirche.
Wir bekennen die eine Taufe zur Vergebung der Sünden.
Wir erwarten die Auferstehung der Toten
und das Leben der kommenden Welt.

Die christlichen Feste

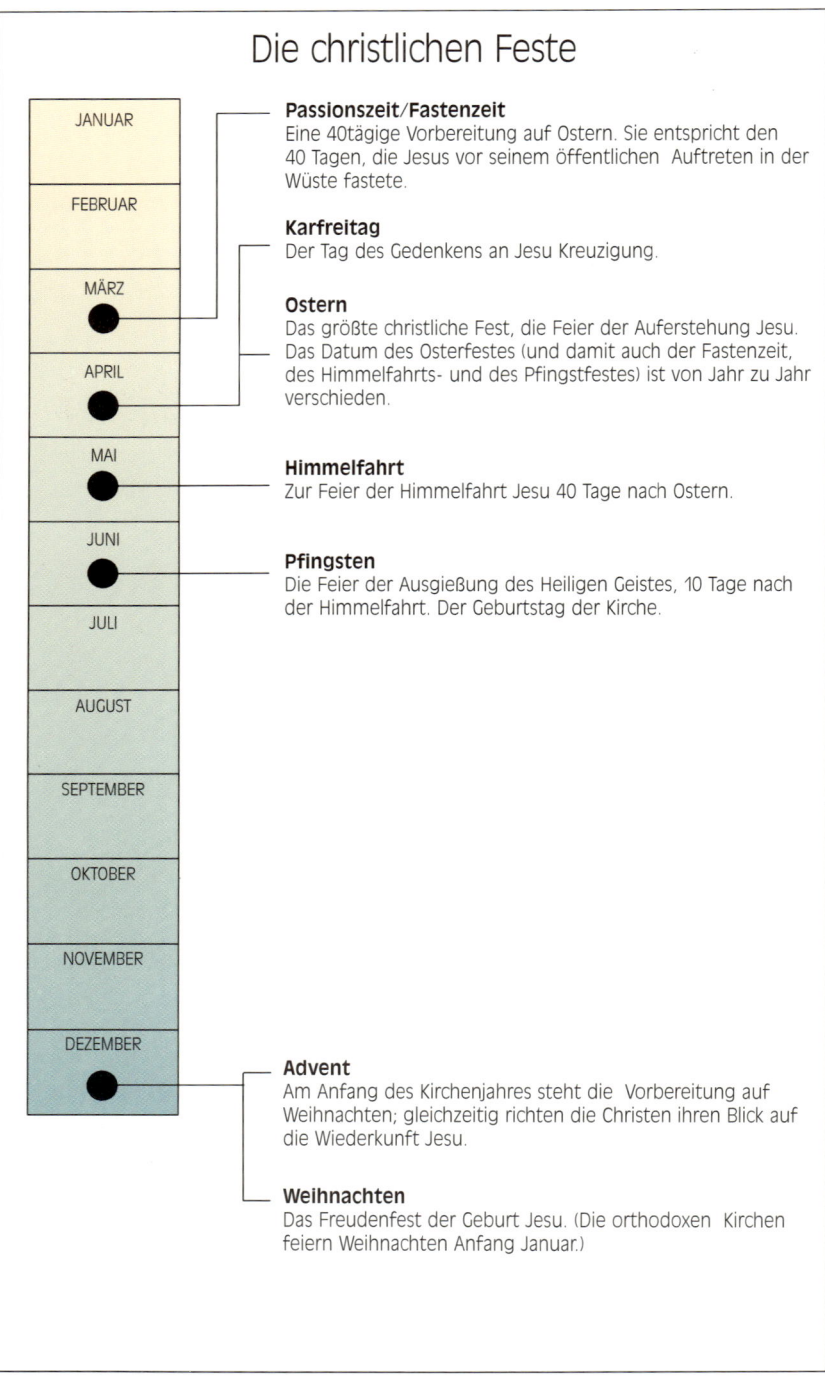

JANUAR

FEBRUAR

MÄRZ

APRIL

MAI

JUNI

JULI

AUGUST

SEPTEMBER

OKTOBER

NOVEMBER

DEZEMBER

Passionszeit/Fastenzeit
Eine 40tägige Vorbereitung auf Ostern. Sie entspricht den 40 Tagen, die Jesus vor seinem öffentlichen Auftreten in der Wüste fastete.

Karfreitag
Der Tag des Gedenkens an Jesu Kreuzigung.

Ostern
Das größte christliche Fest, die Feier der Auferstehung Jesu. Das Datum des Osterfestes (und damit auch der Fastenzeit, des Himmelfahrts- und des Pfingstfestes) ist von Jahr zu Jahr verschieden.

Himmelfahrt
Zur Feier der Himmelfahrt Jesu 40 Tage nach Ostern.

Pfingsten
Die Feier der Ausgießung des Heiligen Geistes, 10 Tage nach der Himmelfahrt. Der Geburtstag der Kirche.

Advent
Am Anfang des Kirchenjahres steht die Vorbereitung auf Weihnachten; gleichzeitig richten die Christen ihren Blick auf die Wiederkunft Jesu.

Weihnachten
Das Freudenfest der Geburt Jesu. (Die orthodoxen Kirchen feiern Weihnachten Anfang Januar.)

Andererseits machte erst diese Allianz, zuerst in der Form des Heiligen Römischen Reiches und dann in Form der Nationalkirchen, das Aufblühen des »christlichen Abendlandes« möglich.

Mit dem Heiligen Römischen Reich wuchs auch die Macht der führenden christlichen Bischöfe, des Papstes von Rom und des Patriarchen von Konstantinopel, und ihr Kampf um die Vorherrschaft begann. 1054 exkommunizierte der Papst den Patriarchen und der Patriarch den Papst. Durch dieses große Schisma wurde die Trennung der griechischen und der lateinischen Kirche formal besiegelt.

Spaltungen und Wachstum

Auf dem Weg vom Mittelalter in die Renaissance fand sich die Kirche unerwartet mit dem Streben nach äußerer und innerer Freiheit und nach persönlicher und politischer Unabhängigkeit im europäischen Kulturraum konfrontiert.

1515/16 kam der junge Mönch und Gelehrte Martin Luther bei der Vorbereitung von Vorlesungen über den Römerbrief zu der Überzeugung, daß Erlösung nur durch Glauben geschehen kann, nicht, wie die Kirche lehrte, durch gute Werke. Luther lehnte es ab, sich dem Druck des Papstes zu unterwerfen. Das war der Beginn der Reformation und der Ursprung der protestantischen Kirchen.

Während heute die christliche Kirche in Europa und Nordamerika abnimmt, gewinnt sie in Afrika,

Aus der Heiligen Schrift

Als die Jünger Jesus baten, sie beten zu lehren, lehrte er sie dieses »Mustergebet«:

Vater unser im Himmel,
geheiligt werde dein Name.
Dein Reich komme.
Dein Wille geschehe,
wie im Himmel, so auf Erden.
Unser tägliches Brot gib uns heute.
Und vergib uns unsere Schuld,
wie auch wir vergeben
unsern Schuldigern.
Und führe uns nicht in Versuchung;
sondern erlöse uns von dem Bösen.
Denn dein ist das Reich
und die Kraft und die Herrlichkeit
in Ewigkeit. Amen.
Matthäus 6,9—13

Jesus faßte das Gesetz Gottes in zwei kurze Gebote zusammen. Es wird oft das Doppelgebot der Liebe genannt:

Das wichtigste Gebot ist das: »Höre, Israel, der Herr, unser Gott, ist Herr allein, und du sollst den Herrn, deinen Gott, lieben von ganzem Herzen, von ganzer Seele, von ganzem Gemüt und mit allen deinen Kräften.« Das andre ist dies: »Du sollst deinen Nächsten lieben wie dich selbst.« Es ist kein anderes Gebot größer als diese.
Markus 12,29—31

Südamerika und in Teilen Asiens neue Anhänger in großer Zahl. Heute gibt es etwa 1,6 Milliarden Christen in der Welt.

Christliches Gebet gibt es als Einzel- und Gemeinschaftsgebet. Christen treffen sich zu ganz verschiedenen Gottesdienst-Formen und -Anlässen. Die schönsten christlichen Kirchen sind Kathedralen wie die abgebildete von Notre Dame in Paris.

Die Gemeinschaft der Gläubigen

Christen feiern gemeinsam Gottesdienst. Jede Gruppe von Christen, die sich regelmäßig trifft, und sei es in einer Wohnung, einer Schule oder im Freien, ist eine Gemeinde. So haben ja auch die frühen Christen keine besonderen Gebäude für den Gottesdienst gehabt.

Im Laufe der Jahrhunderte hat der Kirchenbau wesentlich zur Entwicklung von Kunst und Architektur beigetragen. Die Kirchen gehören in den Dörfern und Städten Europas, Amerikas, Australiens und in vielen Teilen Afrikas zu den schönsten Gebäuden. Ihre Türme überragen die umstehenden Gebäude und weisen die Menschen auf Gott hin. In den reich geschmückten Kathedralen Europas gab die mittelalterliche Kultur ihr Bestes – wie in den größten Moscheen des islamischen Raumes und in den großen Tempeln Indiens die jeweiligen Kulturen. Meist betritt man die Kirche oder Kathedrale durch den westlichen Eingang. Am anderen Ende der Kirche steht ein Tisch mit einem Kreuz und zwei oder sechs Kerzen oder nur zwei Vasen mit Blumen. Rechts und links vom Tisch sind Kanzel und Lesepult.

Die Christen kommen sonntags zusammen, um Gott anzubeten, gemeinsam zu lernen und ihren Glauben zu feiern.

Sakramente

Ein Sakrament ist das »äußere sichtbare Zeichen einer inneren geistlichen Gnade«. Katholiken und Orthodoxe zählen sieben Sakramente: Taufe, Firmung/Salbung, Abendmahl, Buße, Krankensalbung, Ordination und Ehe. Die meisten Protestanten erkennen nur die beiden Sakramente an, die Jesus ausdrücklich eingesetzt hat: Taufe und Abendmahl.

Die Hauptströmungen des Christentums

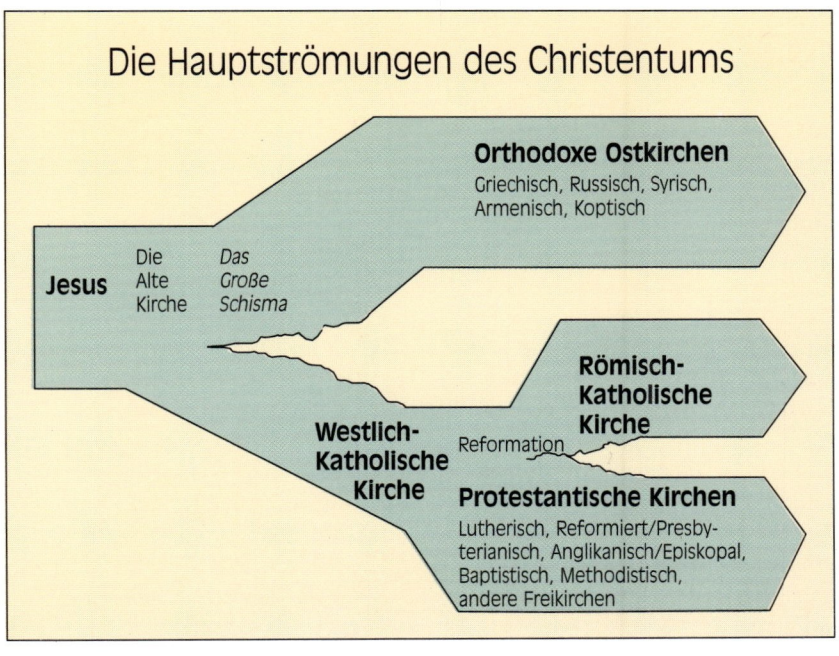

Jesus Die Alte Kirche *Das Große Schisma*

Orthodoxe Ostkirchen
Griechisch, Russisch, Syrisch, Armenisch, Koptisch

Westlich-Katholische Kirche Reformation

Römisch-Katholische Kirche

Protestantische Kirchen
Lutherisch, Reformiert/Presbyterianisch, Anglikanisch/Episkopal, Baptistisch, Methodistisch, andere Freikirchen

Heilige Schrift

Zwischen 170 und 220 wurde der christliche Kanon (die Bibel) endgültig festgelegt. Die Bibel enthält 39 jüdische Bücher (Altes Testament) und 27 christliche Bücher (Neues Testament). Die katholische Kirche zählt auch die jüdischen Schriften in griechischer Sprache, die nicht in den hebräischen jüdischen Kanon aufgenommen wurden, zum Alten Testament.

Das Neue Testament enthält vier Evangelien, die Apostelgeschichte, die Paulusbriefe, die Allgemeinen Briefe und die Offenbarung. Die Christen glauben, daß die Bibel das geschriebene Wort Gottes ist, das Jesus, das lebendige Wort Gottes (Logos), bezeugt.

Aus der Heiligen Schrift

Ich bin gewiß,
daß weder Tod noch Leben,
weder Engel noch Mächte
noch Gewalten,
weder Gegenwärtiges
noch Zukünftiges,
weder Hohes noch Tiefes
noch eine andere Kreatur
uns scheiden kann von der
Liebe Gottes,
die in Christus Jesus ist,
unserm Herrn.

Römerbrief 8,38—39

Kurz vor seinem Tod gebot Jesus seinen Jüngern, das Gedächtnis seines Todes zu feiern. Und seit jener Nacht haben die Christen dies getan als Eucharistie, Abendmahl oder Brotbrechen.

Für katholische und orthodoxe Kirchen ist das Abendmahl das Herzstück des Gottesdienstes. Dabei empfangen die Gläubigen Hilfe von Gott und fühlen seine Gegenwart. Gebete werden gesprochen, Abschnitte aus der Bibel gelesen und erklärt, Lieder werden gesungen, und Brot und Wein werden geweiht als Leib und Blut Christi. Der Priester teilt Brot und Wein (bzw. nur Brot) an die Gemeinde aus.

Die protestantischen Kirchen haben einen anderen Schwerpunkt. Das Abendmahl wird seltener gefeiert: vierzehntägig, monatlich oder halbjährlich. Die Gläubigen empfangen geistliche Nahrung durch das Hören des Wortes Gottes und seine Befolgung.

Im Hauptgottesdienst am Sonntag steht die Predigt des »Wortes Gottes« im Mittelpunkt. Gebete werden gesprochen, Bibeltexte gelesen, Lieder gesungen. Dann folgt die Predigt.

Christen treten auch als einzelne mit Gott in Verbindung. Sie erfahren Gott im persönlichen Gebet und in der Stille wie in der Gemeinschaft mit anderen Gläubigen.

Das Christentum ist eine Weltreligion. Neue Gläubige kommen aus den verschiedensten kulturellen Hintergründen. Die Bibel wurde in fast 2000 Sprachen übersetzt. Diese beiden kenianischen Christen gehen zum Gottesdienst.

Dienst

Zum christlichen Gottesdienst gehört nicht nur die Anbetung Gottes, sondern auch der Dienst am Menschen. Immer waren medizinische Versorgung, Erziehung und Katastrophenhilfe wichtige christliche Anliegen. Das Christentum ist weltbejahend. Gott schuf eine gute Welt. Es war der Mensch, der der Versuchung erlag und die Sünde in die Welt brachte. Aber Gott liebte die Welt so sehr, daß er einen Erlöser sandte. Erlösung geschieht dadurch, daß Gott die Welt erlöst, und nicht dadurch, daß der Mensch sie verneint. Aus Dankbarkeit und Liebe mühen sich die Christen um das physische und materielle wie um das geistliche Wohl der Menschen.

ISLAM

Für den Moslem ist Islam Unterwerfung
des ganzen Lebens unter den Willen Allahs.

Gebet und Gottesverehrung nehmen im Islam eine
zentrale Stelle ein. »Moslem« bedeutet: »Einer, der nach
Gottes Willen lebt.«

Der Islam ist die dritte große monotheistische Religion. Er hat die gleiche Wurzel wie Judentum und Christentum. »Islam«, ein arabisches Wort, ist abgeleitet von »Hingabe, Übergabe«: Islam ist eine Religion der Unterwerfung. »Moslems« sind die, die sich dem Willen Gottes (Allahs) »unterwerfen«.

Der Islam betont den Erfolg und ist deswegen eine kämpferisch missionarische Religion. Das Bewußtsein der glorreichen Vergangenheit und der Überlegenheit des Islam über alle früheren Religionen hat in der Gegenwart neue Nahrung bekommen; der Ölreichtum gilt als Segen Allahs, und es gibt expansive und militante Bestrebungen. Die Moslems sind überzeugt, daß der Islam die Antwort auf alle religiösen Bedürfnisse ist.

Der Prophet

Der Gründer des Islam ist der Prophet Mohammed, der etwa 571 n.Chr. in Mekka in Arabien geboren wurde. Zu der Zeit herrschte ein Machtvakuum zwischen Ost und West, zwischen Persien und Byzanz; Mekka war das Zentrum eines blühenden Karawanenhandels zwischen Südarabien und dem Mittelmeerraum.

Schon früh verwaist, wuchs Mohammed bei verschiedenen Verwandten auf. Einmal schickte ihn ein reicher Onkel nach Norden, wo er auch Christen getroffen haben soll. Dem 25jährigen bot zu seiner Überraschung die reiche 40jährige Witwe Khadija die Ehe an. Sie gebar

> # Ein Glaubensbekenntnis
>
> *O ihr Gläubigen, glaubt an Gott und seinen Gesandten*
> *und an das Buch, das er seinem Gesandten herabgesandt hat,*
> *und an die Schrift, welche er schon früher offenbart hat.*
> *Wer aber nicht glaubt an Gott und seine Engel,*
> *an die Schriften und seine Gesandten*
> *und an den Jüngsten Tag,*
> *der ist einem großen Irrtum verfallen.*
> *Koran, Sure 4, 137*

ihm drei Töchter, aber keinen Sohn.

In der Mitte seines Lebens zeigte Mohammed mystische Neigungen und begann, sich zur Meditation in die Berge zurückzuziehen. Im Alter von 40 Jahren erhielt er dabei die Offenbarung, gegen das Heidentum und den Polytheismus Mekkas anzugehen und die Existenz eines einzigen Gottes, Allahs, zu predigen. Khadija unterstützte ihn, aber in 10 Jahren gewann er nur wenige Anhänger. Einige von ihnen waren allerdings angesehene Bürger.

Der Islam schlägt Wurzeln

Im Jahre 622 n.Chr. verließ Mohammed mit wenigen Anhängern Mekka und zog auf Wunsch der dortigen Bürger nach Medina. Dies ist die *hidschra*, die Auswanderung, mit der die islamische Zeitrechnung beginnt. In den nächsten Jahren organisierte Mohammed seine Anhänger und die Bürger Medinas zu einer religiösen und politischen Gemeinschaft und begann, Mekkas Karawanen anzugreifen. Die meisten jüdischen Stämme, die er vergeblich für den neuen Glauben zu gewinnen versucht hatte, vertrieb er. Die Beduinenstämme West- und Zentralarabiens gewann er nach und nach.

630 griff er Mekka an und besiegte es. Er schaffte den Polytheismus ab und machte die Ka'aba zum islamischen Zentralheiligtum.

Die nächsten zwei Jahre verbrachte Mohammed damit, seine Herrschaft über die Stämme Arabiens zu konsolidieren. 632 starb er

Aus dem Koran

Der Stern — Geoffenbart zu Mekka

Im Namen Allahs,
des Erbarmers, des Barmherzigen!

Bei dem *Stern,* da er sinkt,
Euer Gefährte[1] irrt nicht und ist nicht getäuscht,
Noch spricht er aus Gelüst.
Er[2] ist nichts als eine geoffenbarte Offenbarung,
Die ihn gelehrt hat der Starke an Kraft[3],
Der Herr der Einsicht. Und aufrecht stand Er da
Im höchsten Horizont;
Alsdann nahte Er sich und näherte sich
Und war zwei Bögen entfernt oder näher
Und offenbarte Seinem Diener, was Er offenbarte.
Nicht erlog das Herz, was er sah.
Wollt ihr ihm denn bestreiten, was er sah?
Und wahrlich, er sah ihn ein andermal
Bei dem Lotosbaum, der äußersten Grenze,
Neben dem der Garten der Wohnung.
Da den Lotosbaum bedeckte, was da bedeckte,
Nicht wich der Blick ab und ging drüber hinaus;
Wahrlich, er sah von den Zeichen seines Herrn die größten.
Was meint ihr drum von al-Lat und al-'Uzza,
Und Manat, der dritten danebem?
Sollen euch Söhne sein und Ihm Töchter?
Dies wäre dann eine ungerechte Verteilung.
Siehe, nur Namen sind es, die ihr ihnen gabt, ihr und eure Väter. Allah sandte keine
Vollmacht für sie hinab. Sie folgen nur einem Wahn und ihrer Seelen Gelüst, und
wahrlich, es kam zu ihnen von ihrem Herrn die Leitung.
Soll etwa der Mensch haben, was er wünscht?
Aber Allahs ist das Letzte und das Erste.
Sure 53, 1—25

[1] Mohammed   [2] der Koran   [3] der Erzengel Gabriel

plötzlich, ohne einen Nachfolger benannt zu haben. Sein Freund Abu Bakr wurde der erste Kalif (Nachfolger), dem 'Umar, auch einer seiner frühesten Anhänger aus Mekka, folgte.

Koran und Hadith

Bald nach seinem Tod wurden die Offenbarungen, die Mohammed erhalten hatte, aus schriftlichen und mündlichen Quellen zum *Koran* (»Lesung«) zusammengestellt. Die endgültige Fassung, in unübertroffenem klassischem Arabisch geschrieben, wurde um 650 n.Chr. unter Osman, dem dritten Kalifen, fertiggestellt. Die Moslems glauben, daß der Koran das vom Himmel gesandte Wort Gottes ist und daß er fehlerlos dem himmlischen Urbild entspricht. Ihn im originalen Arabisch zu rezitieren, gleichgültig, ob man den Sinn versteht oder nicht, bringt dem Moslem Segen *(baraka)*.

Wichtig neben dem Koran ist die *Hadith* (»Überlieferung«), der Bericht vom Leben Mohammeds und der frühen Moslems. Die Hadith enthält die *Sunna* (»Beispiel«) des Propheten als Vorbild für alle Moslems. Koran und Sunna sind die Grundlagen der *Scharia* (»Gesetz«), die das Leben der Moslems bis ins einzelne regelt.

Gott und seine Engel

Die Lehre von Gott ist das Zentrum des Korans. Wie die Bibel setzt der Koran die Existenz Gottes voraus.

Ein Junge in Saudi-Arabien liest den Koran, die Heilige Schrift der Moslems.

Jesus im Koran

Der Islam glaubt an die von Gott gesandten Propheten, die die Einheit Gottes und das Letzte Gericht predigen. Einige ragen hervor, besonders Adam, Noah, Abraham, Moses, Jesus und Mohammed. Nach dem Koran war Jesus der Sohn Marias. Er starb nicht; jemand anders wurde an seiner Stelle gekreuzigt, ihn selbst nahm Gott zu sich. Tod bedeutet Scheitern, und ein Prophet darf nicht scheitern. Für den Moslem ist die Vorstellung, daß Jesus Gott sei, die große Sünde der Leugnung der Einheit Gottes.

Moslem werden fünf-
mal am Tag vom Mu-
ezzin zum Gebet geru-
fen: morgens, mit-
tags, nachmittags,
abends und nachts.
Jedem Gebet geht ei-
ne rituelle Waschung
voraus.

Auf der ganzen Welt
beugen sich die Mos-
lems beim Gebet Rich-
tung Mekka, äußerlich
und innerlich vereint
in der Unterwerfung
unter den Willen Al-
lahs — wie ein einzi-
ger Körper.

Gott ist einer und einzigartig; nie-
mand und nichts ist ihm gleich. Er
ist gut und allmächtig, wie die Na-
turphänomene zeigen, die »Zeichen« von Gottes Macht und Reichtum sind. Aber obwohl der Koran
lehrt, daß Gott über alles regiert,
lehrt er auch die Verantwortung des
Menschen.

Dem Koran zufolge hat Gott die
schönsten aller Namen. Mit der
Entwicklung des Islam gewannen
die Namen eine bedeutende Rolle.
Mit Hilfe eines Rosenkranzes wer-
den die 99 Namen Gottes rezitiert.
Zu den wichtigsten gehören: der
Große, der Barmherzige, der Geber.

Der Koran lehrt klar die Existenz
von Engeln, die Gottes Boten sind.
Er lehrt ferner die Existenz der
dschinn. Sie sind aus Feuer geschaffen, nicht aus Erde wie die Menschen. Ihre Aufgabe ist es, Gott zu
dienen oder ihn anzubeten. Rebelli-
sche dschinn werden Dämonen ge-

nannt. Der oberste Dämon ist Iblis
oder Satan, dem Gott erlaubt, die
Menschen zu versuchen. Neben
den Engeln macht Gott Propheten
zu seinen Boten, beginnend mit
Adam über Abraham und Jesus bis
hin zu Mohammed, dem »Siegel«
der Propheten.

Das Leben und das letzte Gericht

Neben der Lehre von Gott ist im
Koran die Lehre vom letzten Gericht besonders wichtig. Am Welt-
ende werden alle Menschen auferweckt und erscheinen vor Gott zum

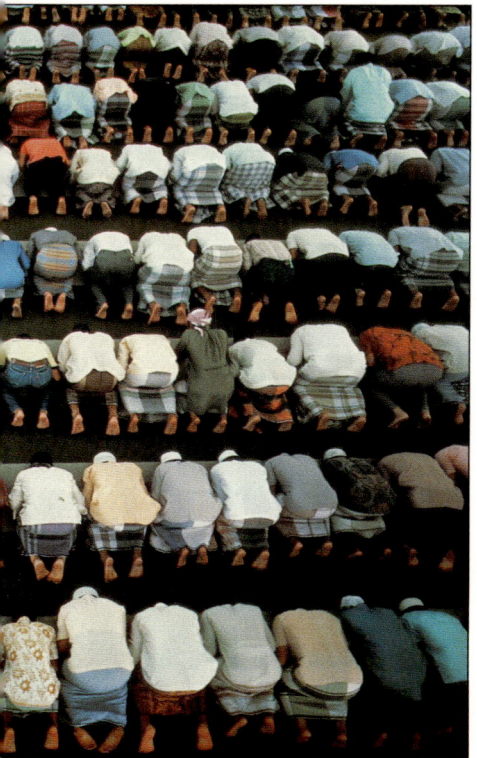

Die fünf Säulen des Islam

- Glaubensbekenntnis *(schahada)* »Es gibt keinen Gott außer Gott, und Mohammed ist der Prophet Gottes.« Die Rezitation dieser Formel kann für eine Bekehrung zum Islam als ausreichend angesehen werden.
- Gebet *(salat)* Moslems sollen fünfmal täglich beten — beim Morgengrauen, mittags, am frühen Nachmittag, nach Sonnenuntergang und am späten Abend — allein, gemeinsam oder in der Moschee. Für erwachsene männliche Moslems ist das Freitagsgebet in der Moschee, zu dem meist auch eine Predigt gehört, besonders wichtig.
- Fasten *(Ramadan)* Während des Fastenmonats Ramadan dürfen Moslems zwischen Sonnenauf- und -untergang nicht essen und trinken, nicht rauchen und keinen Geschlechtsverkehr haben.
- Almosen (zakat) Moslems müssen 2,5% ihres Einkommens und bestimmte Güter für wohltätige Zwecke geben.
- Wallfahrt (hadsch) Jeder Moslem soll einmal im Leben nach Mekka pilgern.

Dschihad

Dschihad ist nicht nur der sog. heilige Krieg, sondern die Anstrengung für den Glauben. So hat islamischer Glaube eine kämpferische Komponente. Der Krieg unterliegt rechtlichen Regelungen. Götzendiener haben eigentlich kein Lebensrecht, und Juden und Christen genießen Duldung und sind zu einer Sondersteuer verpflichtet.

Gericht. Sie kommen ins Paradies oder in die Hölle, je nachdem ob ihre Taten überwiegend gut oder böse waren.

Der Koran enthält auch Anweisungen für das Leben der islamischen Gemeinde. Er beschäftigt sich mit religiösen und sozialen Fragen wie: Gebet, Almosen, Fasten, Pilgerfahrt, Ehebruch, Heirat und Scheidung, Erbrecht, Speisen und Getränken, Zinswucher und sogar Sklaverei.

Gesetz für alle Lebensbereiche

In den ersten beiden Jahrhunderten der islamischen Geschichte schufen

Theologen und Juristen die Scharia, das islamische Gesetz. Die Scharia hat vier Quellen: den Koran; die Sunna des Propheten; den Analogieschluß (qiyas – Ableitung neuer Gesetze von schon bestehenden); den Konsensus der Gemeinde (ijma) mit Hilfe der Rechtsgelehrten (ulama).

So sind genaue Verhaltensnormen entwickelt worden, die jeder Moslem befolgen muß. Anders als alle anderen juristischen Systeme

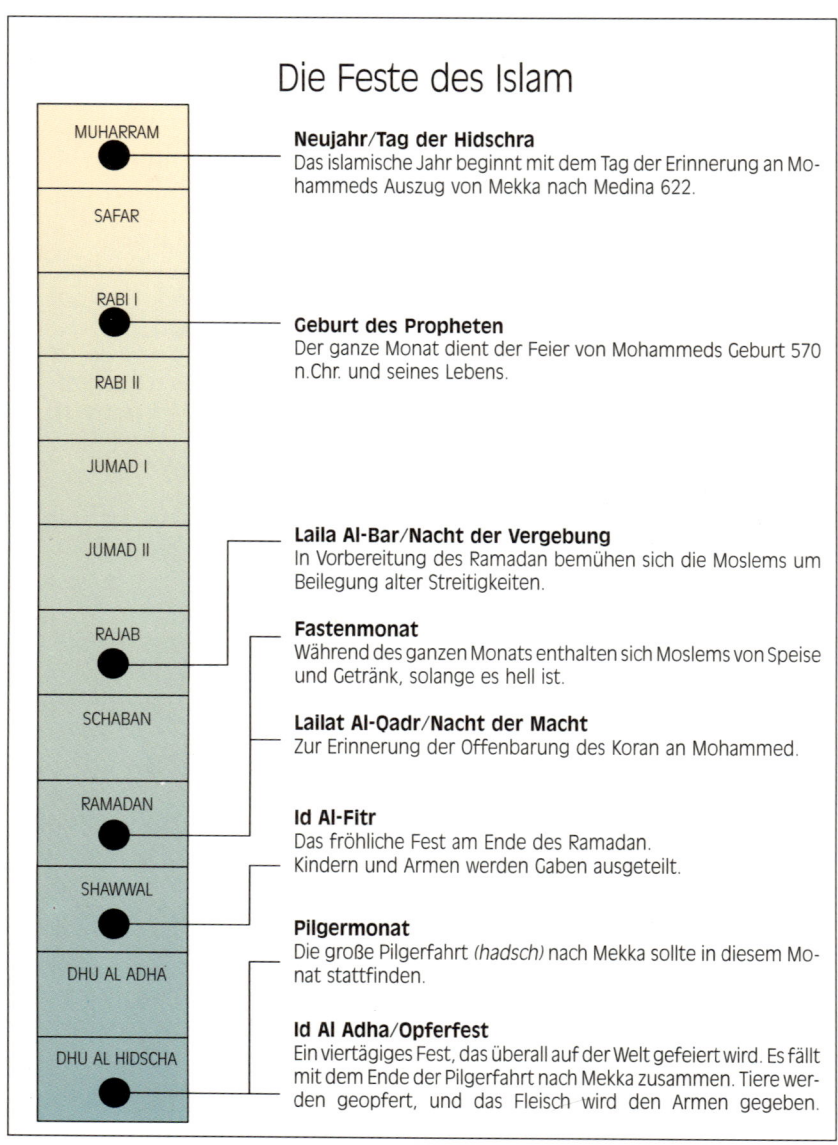

Die Feste des Islam

MUHARRAM

Neujahr/Tag der Hidschra
Das islamische Jahr beginnt mit dem Tag der Erinnerung an Mohammeds Auszug von Mekka nach Medina 622.

SAFAR

RABI I

Geburt des Propheten
Der ganze Monat dient der Feier von Mohammeds Geburt 570 n.Chr. und seines Lebens.

RABI II

JUMAD I

JUMAD II

Laila Al-Bar/Nacht der Vergebung
In Vorbereitung des Ramadan bemühen sich die Moslems um Beilegung alter Streitigkeiten.

RAJAB

Fastenmonat
Während des ganzen Monats enthalten sich Moslems von Speise und Getränk, solange es hell ist.

SCHABAN

Lailat Al-Qadr/Nacht der Macht
Zur Erinnerung der Offenbarung des Koran an Mohammed.

RAMADAN

Id Al-Fitr
Das fröhliche Fest am Ende des Ramadan.
Kindern und Armen werden Gaben ausgeteilt.

SHAWWAL

Pilgermonat
Die große Pilgerfahrt (hadsch) nach Mekka sollte in diesem Monat stattfinden.

DHU AL ADHA

Id Al Adha/Opferfest
Ein viertägiges Fest, das überall auf der Welt gefeiert wird. Es fällt mit dem Ende der Pilgerfahrt nach Mekka zusammen. Tiere werden geopfert, und das Fleisch wird den Armen gegeben.

DHU AL HIDSCHA

der heutigen Welt umfaßt die Scharia jedes Detail des menschlichen Lebens, vom Verbot des Verbrechens bis zum Gebrauch des Zahnstochers, von der Organisation des Staates bis hin zum persönlichen Intimbereich. Die Scharia ist die »Wissenschaft aller menschlichen und göttlichen Dinge«. Sie teilt alle Handlungen in fünf Kategorien ein: Was Pflicht ist, was lobenswert oder empfohlen ist, was erlaubt oder legal indifferent ist und was tadelnswert oder verboten ist.

Für den Moslem bildet Persönliches und Kommunales, Heiliges und Profanes, Geistiges und Materielles eine Einheit. Diese Tatsache macht oft das Verständnis zwischen dem Westen und der Welt des Islam schwierig. Die Moslems glauben an einen Schöpfer, dessen Wille die ganze Welt umfaßt. Der Mensch hat als sein Repräsentant auf Erden teil an seiner schöpferischen Tätigkeit.

Gottes Willen erkennen

Es gibt zwei islamische Hauptrichtungen, die *Sunniten* (90 %) und die *Schiiten* (10 %). Sie unterscheiden sich besonders in ihrer Anschauung vom Erkennen des Willens Gottes. Die Sunniten folgen dem Konsensus der Gemeinschaft, der auf der Sunna des Propheten beruht. Die Schiiten erwarten von inspirierten Lehrern (Imamen) Kundgabe des göttlichen Willens. Die Imame waren Nachkommen Alis, des Neffen und Adoptivsohnes Mohammeds.

Heute gibt es noch drei schiitische Hauptgruppen: Die Zaidis im Yemen werden heute noch von Imamen geführt. Die Schiiten des Iran, die »Zwölfersekte«, erkennt nur zwölf aufeinander folgende Imame an. Die Ismaili in Indien und Ostafrika mit ihrem Oberhaupt, dem Aga Khan, erkennen nur sieben Imame an.

Das islamische Gesetz (Scharia) behandelt alle Lebensbereiche, die Familie und die Kleidung ebenso wie die Politik. Diese Athletinnen aus dem Iran sind nach dem islamischen Gesetz gekleidet.

Islamische Ge-
meinschaften
gibt es in der
ganzen Welt. Das
Bild zeigt Beja-
Nomaden im Su-
dan, die dem Is-
lam angehören.

Pilgerreise nach Mekka

Die fünfte Grundpflicht im islamischen Kult soll wenigstens einmal im Leben, wenn es nur irgendwie möglich ist, erfüllt werden. Das ist die *hadsch*, die Pilgerreise nach Mekka und Umgebung.

Dort finden sich die allerheiligsten Stätten für den Moslem mit Erinnerungen an Mohammed, an seinen Vorläufer Abraham, der dem Koran zufolge mit Hilfe seines Sohnes Ismael die Kaaba erbaute.

Ein Besuch Mekkas hat für einen Moslem jederzeit religiöse Bedeutung, doch mit dem zwölften Monat des islamischen Jahres *(Dhu Hidscha)* be-

ginnt die besondere Zeit für die *hadsch*, die große Pilgerfahrt (zu anderen Zeiten spricht man nur von der kleinen Pilgerreise). Die Pilger strömen nach Mekka, jeder im einfachen weißen Pilgergewand als Zeichen der rituellen Reinigung. Sie versammeln sich in der großen Moschee, und dort findet der erste Pilgerritus statt: die Umwanderung der Kaaba. Danach muß man siebenmal zwischen zwei Hügeln hin und her laufen. Das soll an die Not der Hagar und ihres Sohnes Ismael erinnern, die nach jüdischer, christlicher und islamischer Überlieferung vor dem sicheren Tod be-

wahrt wurden, indem Gott einen Quell im Wüstensand sprudeln ließ. Dieser Quell hieß in der islamischen Überlieferung *Samsam*. Aus ihm trinken die Pilger heiliges Wasser, ehe sie ein paar Kilometer hinaus zum Berg Arafat fahren, wo die *hadsch* zu ihrem Höhepunkt kommt. Die Pilger befolgen dort den Ritus, von Mittag bis Sonnenuntergang ›stehend‹ in Meditation vor Gott zu verharren.

Danach beginnen sie die Rückkehr nach Mekka, halten aber unterwegs bei Masdalifa, um dort Kieselsteine aufzulesen. Am nächsten Tag werden diese an drei Steinpfeiler

Die persischen Schiiten und die Ismaili erwarten das Erscheinen des verborgenen Imam, des Mahdi. Bis zu seinem Erscheinen sind die führenden Theologen, die Mujtahids, seine Sprecher. Sie haben große Autorität in religiösen und juristischen Fragen und sogar in der Politik. Dies wird deutlich an der Rolle der Mullahs und Ayatollahs im Iran. Viele dieser Führer behaupten, Nachfahren Alis zu sein. Die Mujtahids messen den Meinungen früherer Theologen keinen Wert bei, sondern berufen sich direkt auf Koran, Sunna und Hadith.

im benachbarten Mina geworfen. Diese rituelle Handlung soll an den Augenblick erinnern, als Abraham der Versuchung durch den Teufel widerstand, Gott ungehorsam zu werden. Nach dem Koran hatte Gott ihm zur Prüfung seines Gehorsams *(islam)* befohlen, seinen Sohn Ismael zu opfern. Der Sohn wurde »durch ein großartiges Opfer« erlöst. In freudiger Erinnerung an diese Tat göttlicher Gnade opfern die Pilger gemäß dem Ritus Schafe oder Kamele. »Ihr Fleisch und Blut dringt nicht zu Gott, aber eure Demut dringt zu ihm«, erklärt der Koran. Zur Verherrlichung Gottes und »zur besseren Erinnerung an ihn« vereinen sich die Moslems überall auf der Welt mit den Pilgern beim Schlachtfest, mit dem die *hadsch* endet. Mohammed glaubte, daß dieses Fest die Erfüllung der islamischen Gemeinschaft darstelle, um deretwillen Abraham vor der Kaaba gebetet haben soll: »Herr, unser Gott, mach uns demütig vor dir und schaffe aus unserem Samen ein dir ergebenes Volk, lehre uns anbeten und kehre dich zu uns. Denn siehe, du allein bist der Nachsichtige und Gnädige« (Sure 2,128).

Die Ka'aba ist das Zentrum der heiligen Stadt Mekka. Sie ist ein steinernes Bauwerk, in dem sich ein schwarzer Stein, vermutlich ein Meteorit, befindet, der schon im vorislamischen Arabien verehrt wurde. Jeder Moslem soll einmal im Leben die Pilgerreise (hadsch) nach Mekka machen, wenn die Lebensumstände es ermöglichen.

NACHWORT

Mit sehr unterschiedlichen Begründungen bezeichnen sich Menschen als Christen. Viele dieser Gründe kenne ich aus eigenem Erleben, aber im tiefsten Sinne bedeutet Christsein Christus nachfolgen.

ICH BIN CHRISTIN, weil meine Eltern vor mir Christen waren. Ich bin in einem irischen Dorf geboren und aufgewachsen. Dort war es natürlich, zu glauben, und unnatürlich, es nicht zu tun. Auf dem Schoß meiner Mutter lernte ich beten. In der Schule hörte ich die biblischen Geschichten und lernte das irische christliche Erbe kennen. In der Sonntagsschule lernte ich den Katechismus, und in der Kirche erlebte ich den Gottesdienst.

ICH BIN CHRISTIN, weil ich als Teenager eine bewußte Entscheidung getroffen habe, Jesus nachzufolgen. Dieser Entschluß, am besten Bekehrung zu nennen, brachte mich in eine persönliche Beziehung zu Christus als Erlöser und Herrn. Ich empfing Vergebung der Sünden und begann ein neues Leben. Und in den stürmischen Zeiten des Erwachsenwerdens blieb ich doch Christin.

Mehrmals schob ich für kurze Zeit meinen Glauben beiseite, weil ich aus intellektuellen Gründen an der Existenz Gottes zweifelte. Als ich dann studierte, machte ich mir den Grundsatz Anselms von Canterbury zu eigen: »Ich suche nicht zu verstehen, um glauben zu können, sondern ich glaube, um verstehen zu können. Denn ich glaube auch dies: wenn ich nicht glaube, werde ich auch nicht verstehen.«

ICH BIN CHRISTIN trotz des Leides in der Welt. Als junge Erwachsene mußte ich durch eine Zeit schweren persönlichen Leides, und genau in der Zeit begriff ich, daß der Gott der Christen ein Gott ist, der in das Leid gekommen ist und es auf sich genommen hat, um die Welt zu erlösen. Das Kreuz Jesu Christi steht im Mittelpunkt des Christentums.

ICH BIN CHRISTIN, weil ich bei der Begegnung mit anderen Religionen in Afrika erkannte, daß Jesus Christus das Wort Gottes ist, das Licht, das jeden Menschen erleuchtet. Religion bedeutet letztlich nicht, daß der Mensch nach Gott sucht, sondern daß Gott den Menschen findet. Das Wort wurde Fleisch und wohnte unter uns.

ICH BIN CHRISTIN, obwohl ich in einer Welt voller sündiger Menschen und ungerechter sozialer Strukturen lebe, denn Jesus erklärte, er sei gekommen, »damit ich den Armen eine gute Nachricht bringe; damit ich den Gefangenen die Entlassung verkünde und den Blinden das Augenlicht; damit ich die Zerschlagenen in Freiheit setze und ein Gnadenjahr des Herrn ausrufe«.

ICH BLEIBE CHRISTIN, weil ich überzeugt bin: in Jesus Christus ist die ganze Fülle Gottes zu finden, seine Botschaft bedeutet Hoffnung für unsere Welt und in seiner Kirche ist wahre Gemeinschaft zu finden.

Ein Lied vom Kreuz

Tod und Auferstehung Jesu sind das Zentrum christlichen Glaubens. Der Liederdichter Paul Gerhardt (1607–1676) hat das so ausgedrückt:

O Haupt voll Blut und Wunden,
Voll Schmerz und voller Hohn,
O Haupt, zum Spott gebunden
Mit einer Dornenkron,
O Haupt, sonst schön gezieret
Mit höchster Ehr und Zier,
Jetzt aber hoch schimpfieret:
Gegrüßet seist du mir!

Nun, was du, Herr, erduldet,
Ist alles meine Last;
Ich hab es selbst verschuldet,
Was du getragen hast.
Schau her, hier steh ich Armer,
Der Zorn verdienet hat.
Gib mir, o mein Erbarmer,
Den Anblick deiner Gnad.

Ich danke dir von Herzen,
O Jesu, liebster Freund,
Für deines Todes Schmerzen,
Da du's so gut gemeint.
Ach gib, daß ich mich halte
Zu dir und deiner Treu
und, wenn ich nun erkalte,
In dir mein Ende sei.

Christus, mein Hüter

Der Christ folgt Jesus Christus. Wie sehr das Leben davon geprägt wird, kommt im folgenden alten Gebet zum Ausdruck:

Christus sei mit mir, Christus sei vor mir,
Christus sei hinter mir, Christus sei in mir,
Christus sei unter mir, Christus sei
über mir,
Christus zur Rechten, Christus zur Linken.
Christus wo ich liege und stehe und
sitze,
Christus in der Tiefe, der Höhe und
Weite.
Christus im Herzen eines jeden, der an
mich denkt,
Christus im Munde eines jeden, der von
mir spricht,
Christus im Auge eines jeden, der auf
mich sieht,
Christus im Ohr eines jeden, der auf
mich hört,
Christus mein Herr, Christus mein Erlöser!

Altar: Konstruktion zur Darbringung von Opfern an die Gottheit. In vielen christlichen Kirchen der Abendmahlstisch.

Anthropologie: Wissenschaft vom Menschen.

Dualismus: Der Glaube, daß die Wirklichkeit aus zwei Grundprinzipien besteht, Geist und Materie; die Anschauung, daß das Universum von seinem Ursprung an von zwei einander feindlichen Mächten regiert wird, die eine gut, die andere böse, beide gleich gewichtig, gleichwertig und gleich ursprünglich.

Gebet: Persönliche Kommunikation mit einer Gottheit oder Bitte an eine Gottheit.

Gemeinde: Anhänger einer Religions- oder Glaubensgemeinschaft an einem Ort.

Gnade: Hilfe, die Gott dem Menschen gewährt. Äußert sich als Inspiration, Stärkung und Vergebung oder führt zu geistlicher Erneuerung.

Gottesdienst: Hinwendung zu Gott, besonders in ritueller oder gemeinschaftlicher Form.

Heilige Schrift: Ein autoritatives religiöses Buch, oft als Wort Gottes gekennzeichnet.

Kanzel: Erhöhte Plattform mit Brüstung, von der aus der Prediger seine Predigt hält.

Kirche: Eine christliche Gruppe oder die Gesamtheit der Christen; ein Gebäude für den öffentlichen Gottesdienst.

Kontemplation: Konzentration von Geist und Seele auf Gott.

Magie: Versuch, durch Zaubersprüche oder Zauberhandlungen den Lauf der Dinge auf übernatürliche Weise zu beeinflussen.

Meditation: Intensives Nachsinnen über geistige Dinge, besonders als religiöse Übung.

Monismus: Glaube, daß die Wirklichkeit aus nur einer Grundsubstanz besteht.

Monotheismus: Glaube, daß es nur einen Gott gibt.

Moschee: Gotteshaus der Moslems.

Mystik: Weg des kontemplativen Gebets und Frömmigkeitsform, die darauf abzielt, eine direkte intuitive Erfahrung des Übernatürlichen oder des Göttlichen zu erlangen.

Opfer: Das Töten eines Tieres oder Menschen oder die Darbringung von Dingen als Geschenk für eine Gottheit.

Polytheismus: Glaube, daß es viele Götter gibt; die Verehrung dieser Götter.

Priester: Person, die als Mittler zwischen Gott und Mensch fungiert durch Verwaltung der Sakramente, Predigen, Segnen, Seelsorge, Darbringen von Opfern usw.

Prophet: Jemand, der göttlich inspiriert spricht; besonders jemand, dem sich Gott offenbart hat und der Gottes Willen kundgibt.

Rabbi: Geistlicher einer jüdischen Gemeinde; früher jüdischer Gelehrter.

Reinkarnation: Glaube, daß die Seele eines Menschen nach dessen Tod in einem anderen Körper wiedergeboren wird.

Ritual: Der vorgeschriebene Weg zur Durchführung einer religiösen Handlung.

Sakrament: Ein äußeres Zeichen in Verbindung mit genau vorgeschriebenen Worten, wodurch denen, die es empfangen, eine bestimmte Gnade vermittelt wird. Spielt eine besondere Rolle im Christentum.

Schamane: Medizinmann oder Priester, der Kontrolle über die Geister ausübt, besonders in den Stammesreligionen Nordamerikas und Nordasiens.

Schrein: Gottesdienstort, der als heilig gilt wegen seines Zusammenhanges mit einer heiligen Person oder einem heiligen Gegenstand.

Soziologie: Das Studium menschlicher Gesellschaften.

Symbol: Etwas, was etwas anderes repräsentiert oder an seiner Stelle steht. Der Symbolcharakter von Dingen wird durch Ähnlichkeit oder durch Tradition bestimmt.

Synagoge: Gottesdienstgebäude der jüdischen Gemeinde. Die Synagoge wird meist auch für religiöse Unterrichtszwecke genutzt.

Tempel: Gebäude für die Anbetung einer Gottheit, besonders im Altertum, heute noch in Indien und Ostasien.

Theologie: Das systematische Studium der Existenz und des Wesens Gottes; ein bestimmter Bereich dieses Studiums, z.B. die christliche Theologie.